D1573396

Küssnachter Klausjagen

4

Inhaltsverzeichnis

Wir sind ein Klausjägerdorf	7
Küssnacht vibriert	11
Wild oder geordnet?	15
Der Samichlaus und sein Dorf	19
Auftritt der Geisselklepfer	31
Die Kunst der Iffele-Bauer	43
Viel Lärm um Senten und Klopfen	63
Mänz, Mänz, Mänz, Bodefridimänz	77
Fast wie die Grossen	83
Rippli und Chruut	91
Ein ganz spezieller Verein	99
Der Vorstand	107
Impressum	110
Sponsoren und Gönner	111

6

Wir sind ein Klausjägerdorf

Kaum etwas ist in Küssnacht so wichtig wie das alljährliche Klausjagen. Eine Strasse im Zentrum heisst Chlausjägergasse, ein Einkaufszentrum Trychlepark. Das sind äusserliche Zeichen dafür, dass in unserem Dorf das überlieferte Brauchtum lebt, dass vielen Küssnachterinnen und Küssnachtern das Klausjagen der wichtigste Feiertag im Jahr ist. Wenn sie an Weihnachten nicht zu Hause sind, ist das zu verschmerzen. Wenn sie aber am Klaustag im Ausland weilen, lassen sie sich zumindest telefonisch die Klänge des Umzugs übermitteln.

Was diese einmalige Faszination, diese Verbundenheit mit dem Brauchtum ausmacht, wollen wir mit diesem Buch wieder einmal zeigen – den Einheimischen ebenso wie den zahlreichen Gästen, die alljährlich den traditionellen, mystischen Klausumzug verfolgen. René Habermacher, Alex Dietz und Adi Kälin präsentieren in Bild und Text, was rund um den Klaustag passiert, woher der Brauch kommt und wie er seit Jahrzehnten gepflegt wird. Wir wünschen allen Leserinnen und Lesern dieses Buchs viel Vergnügen – und vielleicht ein bisschen von jenem Hühnerhautgefühl, das einen alljährlich am Klaustag befällt.

Der Vorstand der St. Niklausengesellschaft

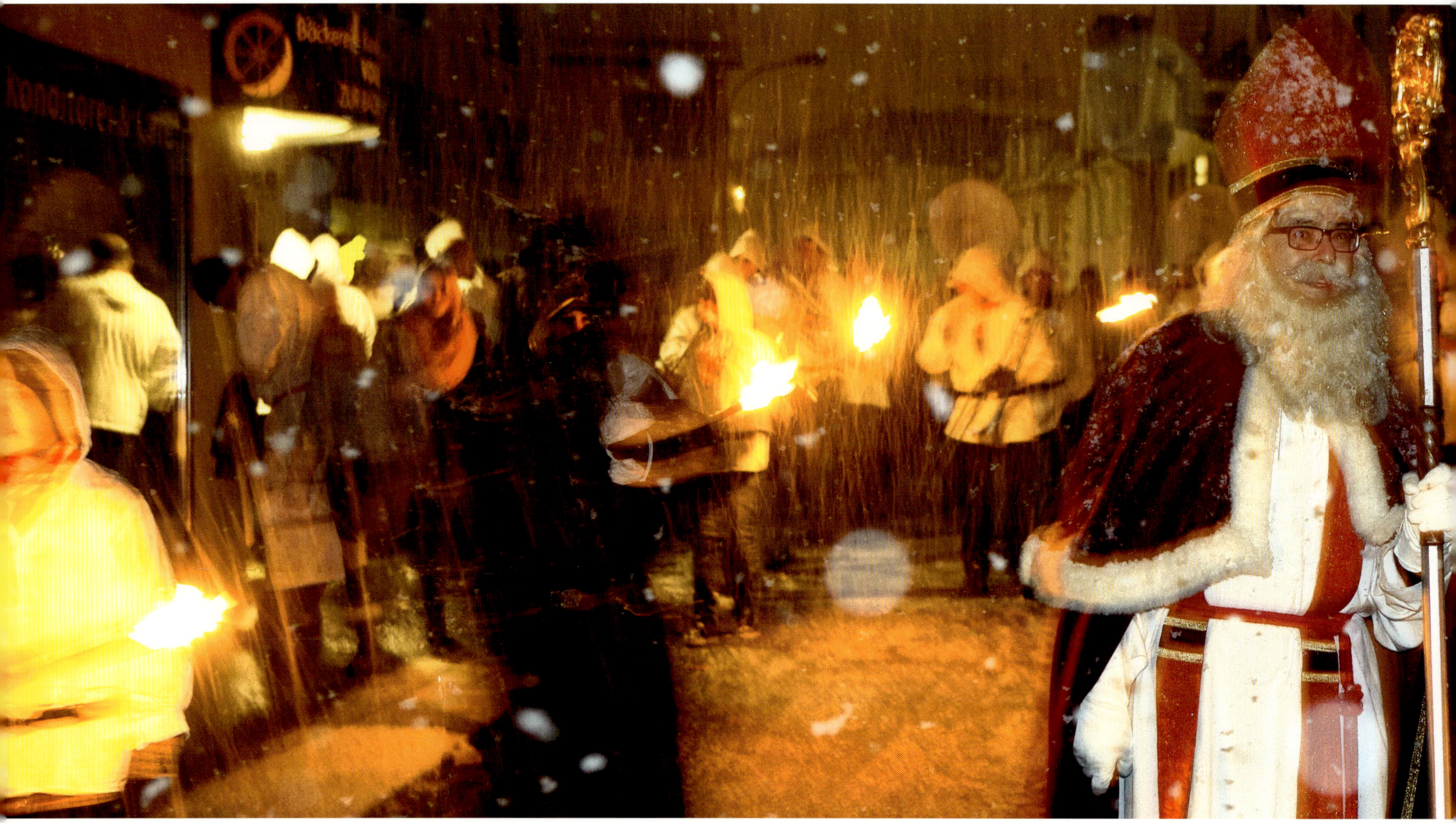

9

10

Küssnacht vibriert

5. Dezember, punkt 20.15 Uhr. Der gewaltige Knall eines Böllerschusses beendet die Gespräche der wartenden Klausjäger. Die Lichter im Dorf erlöschen, ein Jubelschrei macht sich Luft.
Es geht los: Küssnacht vibriert bald wieder von den Schlägen der unzähligen Tricheln und Senten, erschauert vor den urtümlichen Klängen der Hörner. Über 1500 Männer beteiligen sich jedes Jahr am traditionellen Küssnachter Klausumzug, dem wohl imposantesten und berühmtesten seiner Art.

Entlang der verdunkelten Strassen warten bis 30 000 Zuschauerinnen und Zuschauer auf den Umzug, der ihnen gleich nach den Geisselklepfern einen der Höhepunkte bietet: die weit mehr als 200 bis über 2,5 Meter grossen Iffele mit ihren kunstvoll gestanzten Figuren und Ornamenten, die immer wieder für spontanen Applaus sorgen.

Es folgt der Samichlaus, begleitet von den Schmutzli und beleuchtet von Fackelträgern, schliesslich die Musik mit dem schaurig-schönen Dreiklang und gegen tausend Trichler. Den Abschluss des mystischen Zugs bilden die Hörner mit ihrem immer gleichen, unheimlichen Ruf.

Das Klausjagen ist auch ein Medienereignis. Jedes Jahr schreiben Dutzende Zeitungen und Zeitschriften über «einen der eindrücklichsten Volksbräuche der Schweiz», «den faszinierendsten Klausenbrauch». Und immer wieder kommen auch Fernsehteams, um die Atmosphäre des archaischen Zugs einzufangen. Schon 1943 stand in der vom einstigen Landschreiber und Lokalhistoriker Franz Wyrsch redigierten Küssnachter Chronik lapidar: «Das Küssnachter Klausjagen wird gefilmt.» Ob es allerdings das erste Mal war, entzieht sich unserer Kenntnis.

Wo die Wurzeln des Klausjagens liegen, ist nicht klar. Im Gründungsprotokoll der St. Niklausengesellschaft von 1933 steht: «Das Küssnachter Klausjagen ist Tradition, uralte Überlieferung unserer Ahnen und geht bis in die graue Vorzeit der Germanen und Alemannen zurück.» Und der Küssnachter Lokalhistoriker Franz Wyrsch brachte es auf die Kurzformel, das Klausjagen sei «ein ins Christliche umgebogener und umgedeuteter Brauch des Dämonentreibens und -vertreibens». Diese Erklärung gilt in Küssnacht seither. Die Volkskunde ist allerdings längst abgekommen von diesen Rückgriffen auf urgermanische oder vorchristliche Wurzeln. Die Deutung als eine Mischung aus Dämonenvertreibung und Fruchtbarkeitsritual sei eine alte Auffassung des 19. Jahrhunderts, die später zum Volksglauben wurde, heisst es in neueren Publikationen.

Eine Wurzel des Brauchs dürfte in nordfranzösischen Internaten des Mittelalters zu finden sein, wo jeweils am Klaustag ein Schüler zum Bischof gewählt wurde und einen Tag lang regieren durfte – so ähnlich wie bei uns der König am Dreikönigstag. Daraus entwickelte sich im Lauf der Jahrhunderte ein wildes Treiben, das immer mehr zum Fasnachtsspektakel ausartete und zu häufigen Klagen führte. Basel etwa verbot im 15. Jahrhundert solches «Gauckelspiel». In unserer Region sind Lärmbräuche seit dem 16. Jahrhundert schriftlich belegt. Im 17. Jahrhundert dann schimpfte die halbe Innerschweiz über das um sich greifende Klausjagen.

Auch für die Küssnachter Behörden ist es zunächst nichts als ein Ärgernis, wie die erste Erwähnung im Protokoll des Bezirksrats 1732 belegt: «Wegen den Buben, die durch ihr Hornblasen und Tricheln nächtlicher Zeit die Leute beunruhigen, ist erkannt, dass bei einem Pfund Busse sie solches in solchem Ungestüm nicht mehr tun sollen.»

Immer wieder versuchten die Behörden, das Klausjagen zu verbieten – offenbar ohne Erfolg. Dabei wurden drastische Strafen angedroht. 1837 etwa schrieb der Bezirksrat: «Bezüglich des sogenannten Chlausjagens sei selbes ein- und allemal, bei Tag und Nacht, für Minderjährige und Erwachsene, und zwar für Erwachsene bei 2 Neutaler Strafe, für Minderjährige bei einer angemessenen Körperstrafe, verboten.» 1867 berichtete der «Bote der Urschweiz», dass der «sogenannte Klausabend mit dem gewöhnlichen Skandal begangen worden» sei. Nicht nur mit Schellen und Hörnern sei der Klaus durch die Gassen gejagt worden, «sondern ein eigentliches Rottenfeuer von Pistolen und Blechgeklirr ergötzte die Ohren der Bürgerschaft». 1888 wurden von den Behörden wieder einmal «das Klausjagen, Treicheln, Hornen und Klöpfen mit Peitschen und ähnlicher ruhestörender Unfug» verboten. Das «unbefugte Schiessen» werde mit einer Busse von 30 Franken geahndet. 1903 wird über das «Klausbetteln» geklagt, bei dem Schüler zum Teil so viele alkoholische Getränke ausgeschenkt erhielten, dass sie nicht mehr aufrecht stehen konnten. 1914 predigte sogar der Pfarrer gegen das Klausjagen – mit dem üblichen Erfolg.

Wo die Ursprünge des Küssnachter Klausjagens genau liegen, wird also nie geklärt werden. Entgegen der bisherigen Ansicht dürften seine Wurzeln eher nicht in vorchristlicher Zeit liegen. Statt 2000 wäre es dann aber immer noch stattliche 1000 Jahre alt. Und wer am Klaustag weiterhin seine persönlichen Dämonen und Geister vertreiben will, wird sicher auch nicht daran gehindert.

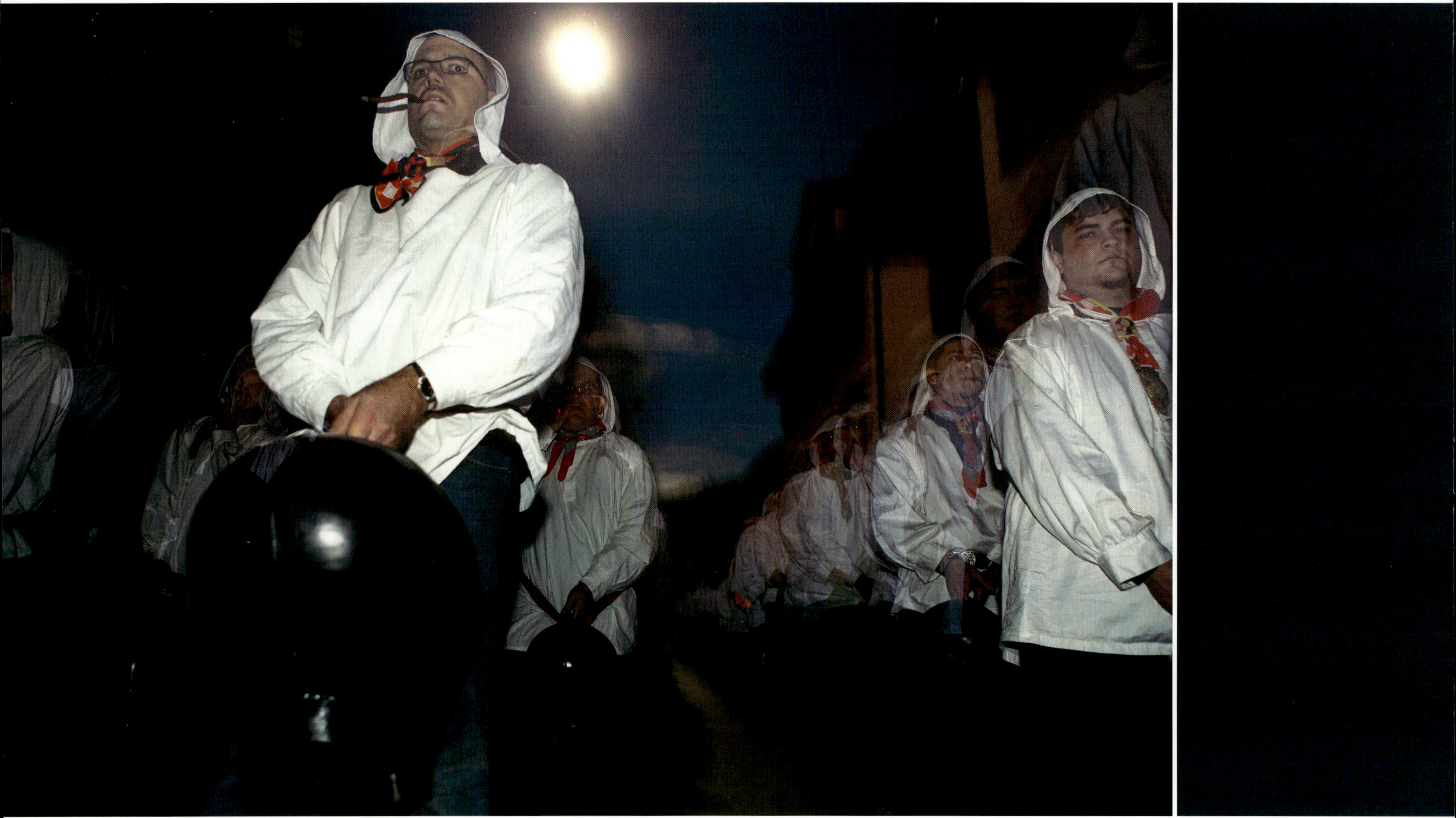

Wild oder geordnet?

Das Klausjagen war nach 1900 nur noch eine Vermummungs- und Lärmorgie und dementsprechend unbeliebt bei den Behörden und bei der älteren Bevölkerung. «Dieses Samichlausjagen ist nun freilich stark durch polizeiliche Verfügungen eingeschränkt und wird dadurch wohl bald ganz verschwinden», schrieb der Volkskundler Alfred Schaller-Donauer 1912 in einem Zeitschriftenartikel. Mit der Prognose hatte er zum Glück nicht recht, aber ihm verdanken wir die einzige ausführliche Beschreibung des Klausjagens aus der Zeit, bevor es die heute bekannte Form annahm.

In der Zeitschrift «Schweizerisches Archiv für Volkskunde» veröffentlichte Alfred Schaller-Donauer 1912 seinen Artikel über das Küssnachter Brauchtum und insbesondere über den Klaustag, der «auf eine etwas absonderliche Art» gefeiert werde. Nicht der schenkende Klaus stehe im Vordergrund, sondern es werde ein sogenannntes Samichlausjagen veranstaltet. Tage vor dem Fest seien Knaben und Jünglinge an «einer Art Vorprobe» mit Peitschen, Schellen und Tricheln.

Am Vorabend des St.-Nikolaus-Tags seien dann die Iffele erschienen, die den St. Nikolaus ins Groteske verzerrt darstellten. «Das Licht dringt nachts durch die farbigen Figuren, was einen ganz hübschen Anblick gewährt.» Zwei Iffele-Träger würden jeweils vor einer Schar von gegen fünfzig Klausjägern hertanzen, die eine «Höllenmusik» veranstalteten mit Kuhschellen und Tricheln, Hörnern, Glasröhren und anderen Instrumenten.

Schaller-Donauer erwähnt auch schon den heute noch typischen Hörnerklang mit zwei kurzen und einem langen Ton. Man ziehe so durch die Gassen, manchmal auch zu Bauernhöfen, in der Nacht beteilige sich auch die grössere Jugend, meist vermummt. Früher seien die Umzüge bis in benachbarte Weiler ausgedehnt worden, «was dann manchmal zu Schlägereien Anlass gab». Bis vor kurzem hätten die beteiligten Bauernsöhne auch noch «in heiligem Ernst und Glauben» um die heimischen Kirschbäume getrichelt, schlugen mit den Schellen daran, um im nächsten Jahr eine gute Ernte zu erhalten.

Den Küssnachtern war schon klar, dass es so nicht weitergehen konnte. Bald traute sich am Klaustag kaum mehr jemand auf die Strasse, aber ganz verbieten konnte man das Treiben auch nicht. So ab 1915 setzten die Behörden auf eine neue Strategie: Sie verboten das Klausjagen jetzt nicht mehr ganz, sondern versuchten es einzuschränken. Nur noch an einem einzigen Tag sollte der Lärm stattfinden, und geduldet wurden nur noch «Glocken, Schellen und Hörner».

1918 war wohl das einzige Jahr ohne richtiges Klausjagen. Die Behörden verboten das lärmige Treiben nun wieder, begründet mit den zahlreichen Grippekranken am Ende des Ersten Weltkriegs, «die unbedingt der Ruhe bedürfen». Offensichtlich hielten sich die Küssnachter an den Aufruf. Es war, wie der «Freier Schweizer» berichtete, «sehr ruhig». Aber den St. Nikolaus habe man «einewäg» feiern können. 1927 schränkte man das Klausjagen wieder auf einen einzigen Tag ein, was nun aber zur Folge hatte, dass es an diesem Tag besonders wild zuging. Die Jungen hätten eben die Zeit «ganz gewissenhaft ausnützen» wollen, hiess es in der Küssnachter Lokalzeitung. Der Autor kam zum Schluss, dass bisher alle Versuche, das Klausjagen einzuschränken, fehlgeschlagen seien: «Ganz verbieten oder über ein gewisses Mass einschränken lässt sich das Klausjagen nun einmal nicht.»

Ein paar engagierte Klausjäger versuchten nun, das Klausjagen in etwas ruhigere Gewässer zu führen, um es so vor den behördlichen Zugriffen zu schützen. Am 25. November 1928, bei einem Konzert des Cäcilienvereins im «Widder»-Saal, sassen die Männer zusammen und sinnierten über das Klausjagen: «Statt zu schimpfen, würde man besser eine Gesellschaft gründen», sagte da plötzlich einer – und stiess ringsum auf Zustimmung. Drei Tage später schon fand die Gründungsversammlung der St. Niklausengesellschaft statt.

In einem Zeitungsbericht wird nach dem Klaustag sehr wohlwollend berichtet: «Das traditionelle Klausjagen, welches in den letzten Jahren auszuarten drohte, ist dank der gegründeten St. Niklausengesellschaft dies Jahr in geordnete Bahnen geleitet worden.» Die vielen Gruppen seien verschwunden, dafür habe es einen eindrücklichen Zug von rund 200 Klausjägern gegeben, mit Tricheln, Hörnern, Schellen und einer schönen Anzahl Iffele mit reichen Verzierungen.

Fünf Jahre später findet dann die eigentliche Konstituierung der Gesellschaft statt. Bisher nämlich, so ist dem Gründungsprotokoll von 1933 zu entnehmen, habe die Gesellschaft nur provisorisch bestanden und sei von einem provisorischen Vorstand geleitet worden. Präsident ist Alois Seeholzer, «Sännewisi» genannt, ohne dessen Engagement das Unternehmen nie möglich gewesen wäre. Aktuar wird Fridolin Sidler, «Oberklaus» Josef Müller, Gärtner. 22 Personen waren bei der Gründung anwesend, die alle «mit grosser Begeisterung» der neuen Gesellschaft beitraten. Genau die Hälfte davon musste auch Aufgaben im Vorstand übernehmen. Die Versammlung verlief so weit ruhig, einzig die Diskussion über die Höhe des Mitgliederbeitrags habe «einiges zur Erwärmung der Gemüter beigetragen», heisst es im Protokoll. Hauptziel der neuen Gesellschaft war es, «die Sitte des Klausjagens» in einer «würdigen und schönen Form» zu erhalten.

18

Der Samichlaus und sein Dorf

Der St. Nikolaus ist der mit Abstand beliebteste Heilige in Küssnacht. Wie kein anderer sei er «tief ins Volksleben eingedrungen» und werde von Gross und Klein gefeiert, schrieb der «Freier Schweizer», nachdem der Samichlaus am ersten grossen Umzug 1928 mitmarschiert war. Erstaunlicherweise kennen dennoch nicht viele Küssnachterinnen und Küssnachter die Lebensgeschichte des Heiligen. Und noch weniger kennen die St.-Nikolaus-Statue in der Pfarrkirche in Küssnacht.

Die alte Küssnachter Kirche wurde 1707 bis auf einen alten Turm von 1488 «gänzlich geschlissen». Alles wurde neu, auch die Altäre, die bis 1712 beendet waren. Oberhalb des einen Seitenaltars steht der St. Nikolaus mit drei goldenen Kugeln auf der Hand. Wer ihn geschaffen hat, ist nicht bekannt, man weiss nur, dass verschiedene Künstler für die Statuen der neuen Kirche verantwortlich waren. Der heilige St. Nikolaus ist eigentlich eine Kombination aus der Lebensgeschichte zweier Personen, die beide in Lykien in der heutigen Südtürkei gelebt haben: Einer war Bischof von Myra und lebte im 4. Jahrhundert, der andere war Abt des Klosters von Sion und Bischof von Pinora und lebte etwas später. Um den Heiligen, der nach dem Raub und der Überführung seiner Reliquien nach Bari im 11. Jahrhundert auch im Westen sehr populär wurde, ranken sich eine grosse Zahl von Legenden.

Am bekanntesten ist wohl die Jungfrauenlegende: Ein Vater beabsichtigte, seine drei Töchter zu Prostituierten zu machen. Als Nikolaus das hörte, übergab er nachts den drei Jungfrauen je eine goldene Kugel, womit er sie vor dem drohenden Schicksal bewahrte. Die Feldherrenlegende erzählt davon, wie Nikolaus dem Kaiser im Traum erschien, um drei Feldherren vor ungerechter Strafe zu bewahren. Und in der recht makaberen Schülerlegende schliesslich geht es darum, dass ein Wirt drei Schüler ermordete, zerstückelte und einpökelte. Nikolaus gelang es schliesslich, die drei wieder zum Leben zu erwecken. Diese Legenden bildeten den Urgrund für alle Nikolausbräuche. Aus der Jungfrauenlegende leitete sich das Bild des schenkenden Nikolaus ab, und die Schülerlegende war die Grundlage für das wilde Klaustreiben rund um die Wahl des Kinderbischofs am Klaustag, aus dem alle weiteren Klausenbräuche entstanden.

1933 annoncierte die St. Niklausengesellschaft eine interessante Zugsordnung: «Kläuse, St. Nikolaus, Musik, Sententricheln, Hörner, Schellen, Hörner.» Die Iffele-Träger wurden also noch als Kläuse bezeichnet, womit der seit 1928 mitlaufende St. Nikolaus in seinem Bischofsornat ja eigentlich eine Verdoppelung war. Vermutlich wollte man damit Seriosität markieren und den Pfarrer besänftigen, der ja von der Kanzel gegen das Klausjagen gepredigt hatte.

Den ersten grossen Klausumzug im Jahr 1928 hätte der Klaus allerdings um ein Haar verpasst. Der Start des Umzugs verzögerte sich, weil «Sännewisi», der damals als Klaus auftrat, noch fehlte. Schliesslich beschloss man, ohne ihn loszuziehen. Nach etwa 200 Metern tauchte er dann plötzlich doch noch auf und schob sich zwischen Iffele-Träger und Klausjäger. Auf Vorwürfe habe Sännewisi nur geantwortet: «Das verschtönd ier nid. Undereinisch isch de Chlaus da.» Das soll, leicht abgewandelt als «De Chlaus chund unverhofft», zu einem geflügelten Wort geworden sein. Legendär wurde später auch der Spruch des langjährigen Samichlauses Bäny Müller, der jeweils, wenn ihm die Iffele-Träger etwas zu ausführlich vor der Nase herumtänzelten, ausrief: «Laufid, ier huere Stöffle!» Müller war in vielen Vereinen aktiv und führte zusammen mit seiner Frau mehrere Restaurants. «Küssnacht hat mit Bäny auch ein Stück Tradition und Originalität verloren», hiess es 1984 in seinem Nachruf.

Bäny Müller war es auch, der in den fünfziger Jahren eine Mutter beruhigen musste, die in der Lokalzeitung «Waldstätter» schwerste Bedenken gegen den Samichlaus geäussert hatte. Die Besuche von Klaus und Schmutzli würden bei Kindern zu einem Nervenschock und viele Jahre dauernden seelischen und körperlichen Schäden führen, hatte die besorgte Mutter geschrieben. Müller schrieb ruhig zurück, er habe in seiner langjährigen Tätigkeit noch nie «nervenerschreckende und erbleichende Kinder, sondern nur freudestrahlende und glückliche Kinderaugen gesehen».

Mitte der achtziger Jahre machte man einen Versuch mit grünen Samtkleidern für die Schmutzli. Das sollte die Kinder weniger erschrecken. Genützt hat es aber nichts, wie Walter Stutzer erzählt, der lange mit seinem Onkel, dem beliebten Klaus Alois Stutzer, als Schmutzli unterwegs war. Die Angst sei wohl hauptsächlich deshalb entstanden, weil die Eltern den Kindern das halbe Jahr mit dem Schmutzli drohten.

Peter Büeler, der aktuelle Klaus, will als «moderner Samichlaus» einfühlsam, respektvoll und manchmal auch mit Witz auftreten. Das steht auf seiner Homepage, die ein moderner Klaus natürlich auch führt. Nichts mehr vom «polternden, levitenlesenden Angstmacher». Der Klaus läuft nicht nur am Umzug mit und besucht Familien, er lässt sich zu Beginn der Klausenzeit auch in seinem Häuschen im Wald abholen. 200 bis 300 Väter, Mütter und Kinder kommen jährlich zu diesem beliebten Anlass, bei dem sie mit dem Samichlaus auf Tuchfühlung gehen können. Nicht alle Kinder scheinen aber genau zu wissen, wen sie da durch den Wald begleiten wollen. Ein kleines Mädchen fragte seine Mutter bei diesem Anlass: «Wänn chund jetz dä Wienachtsmaa?»

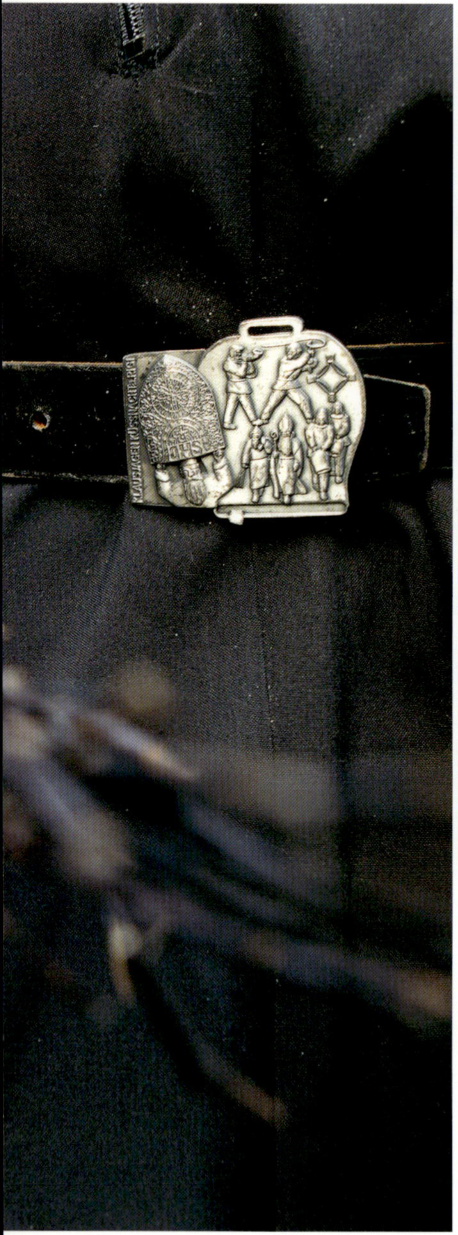

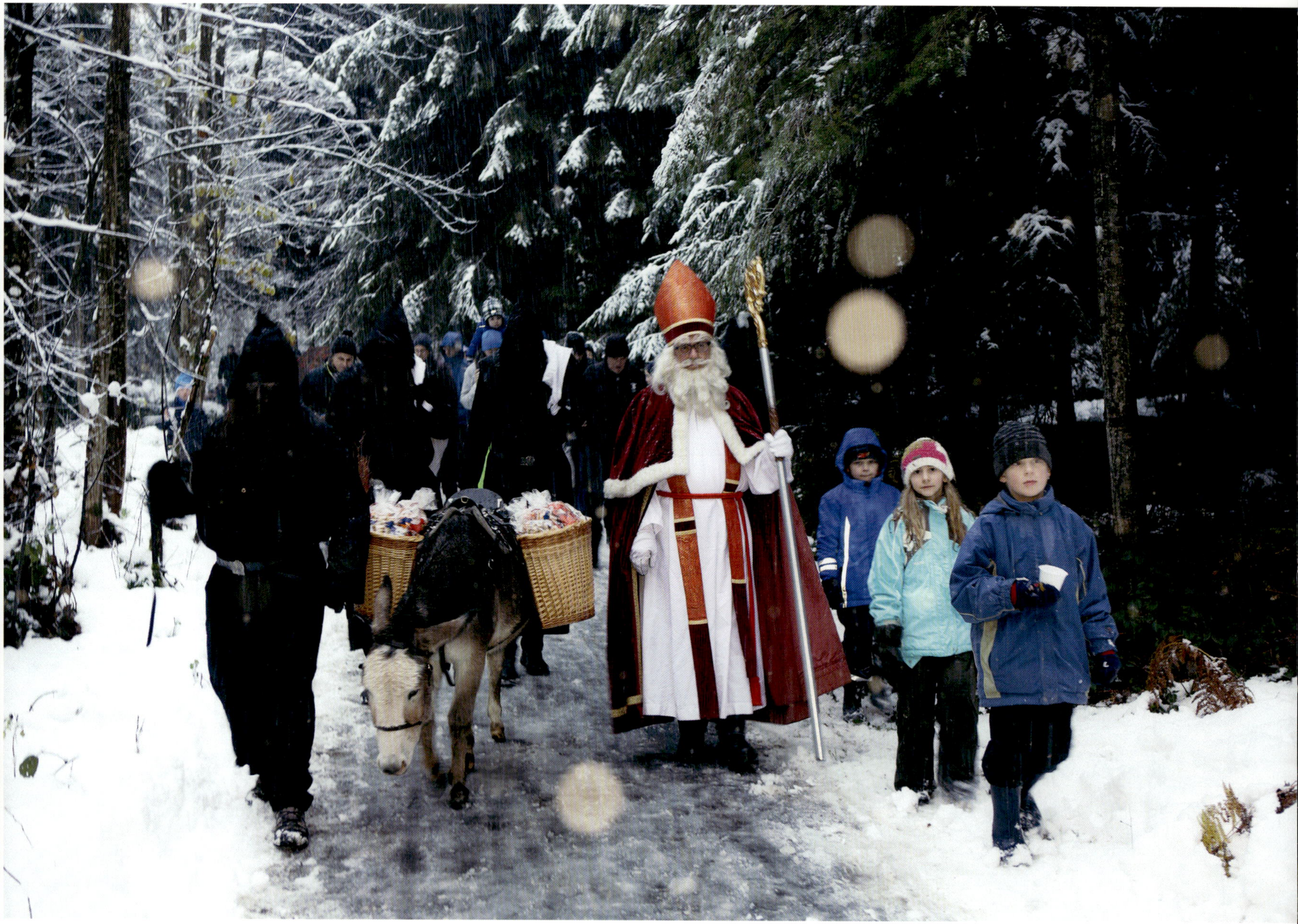

23

24

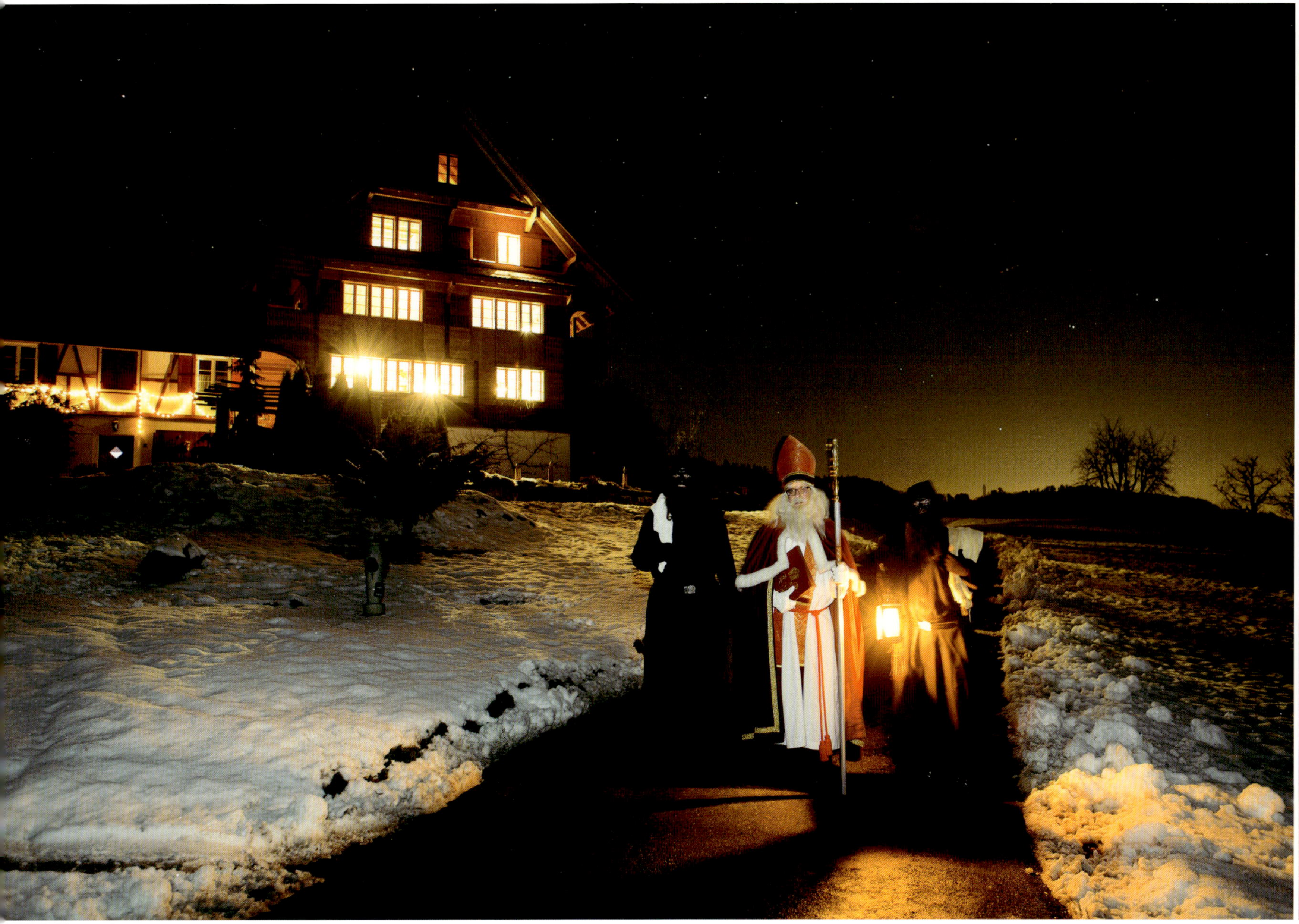

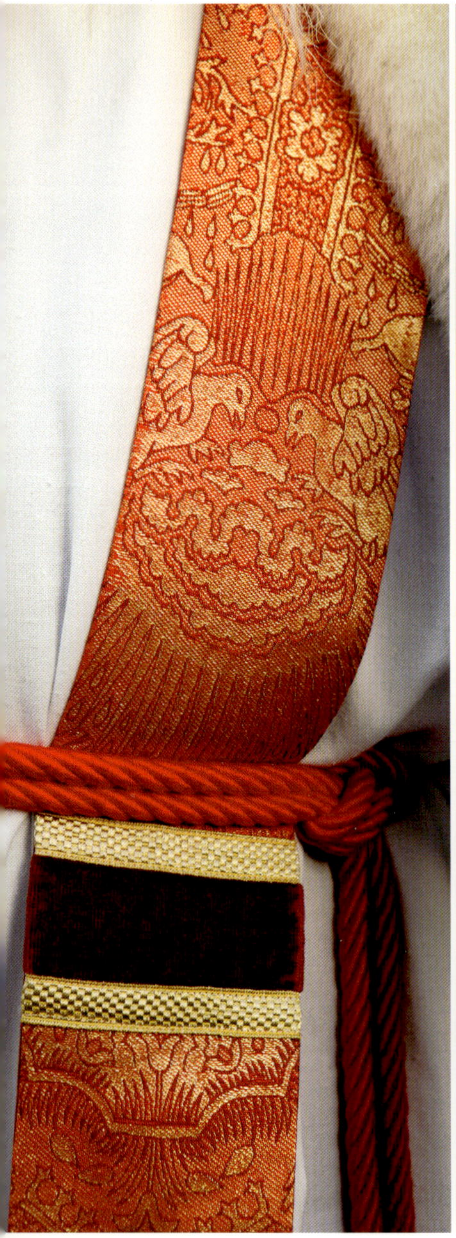

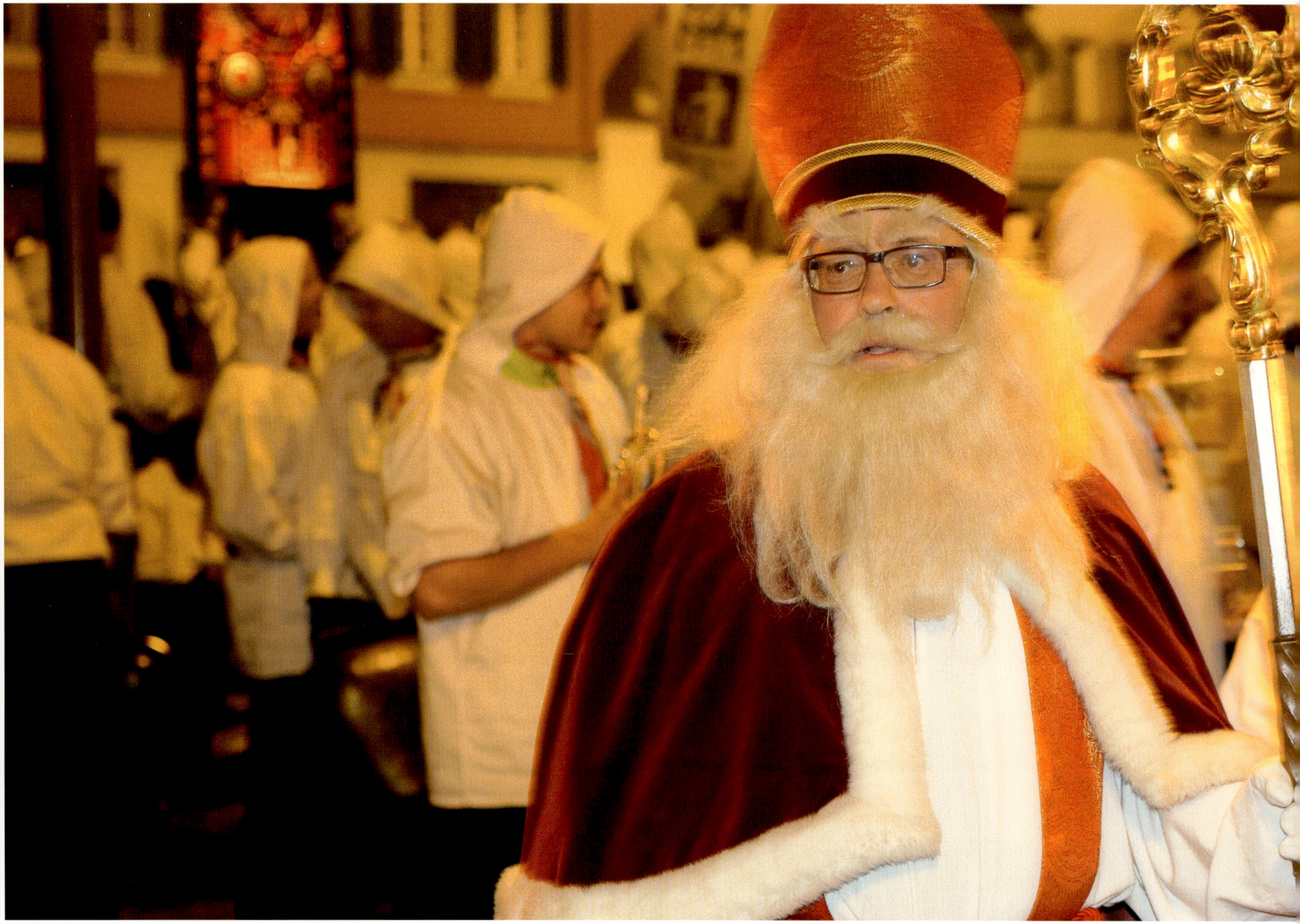

27

Geschichten um den Samichlaus

Die Bescherung hilft manchen Kindern über die Angst hinweg.

1939 trat der Küssnachter Klaus zusammen mit den Klausjägern an der berühmten «Landi 39» in Zürich auf.

Bäny Müller, ein legendärer Klaus. Hier bei der Familie Römer im «Widder».

Die Kinder hätten beim Klausbesuch einen «Nervenschock», behauptete einmal eine Leserbriefschreiberin.

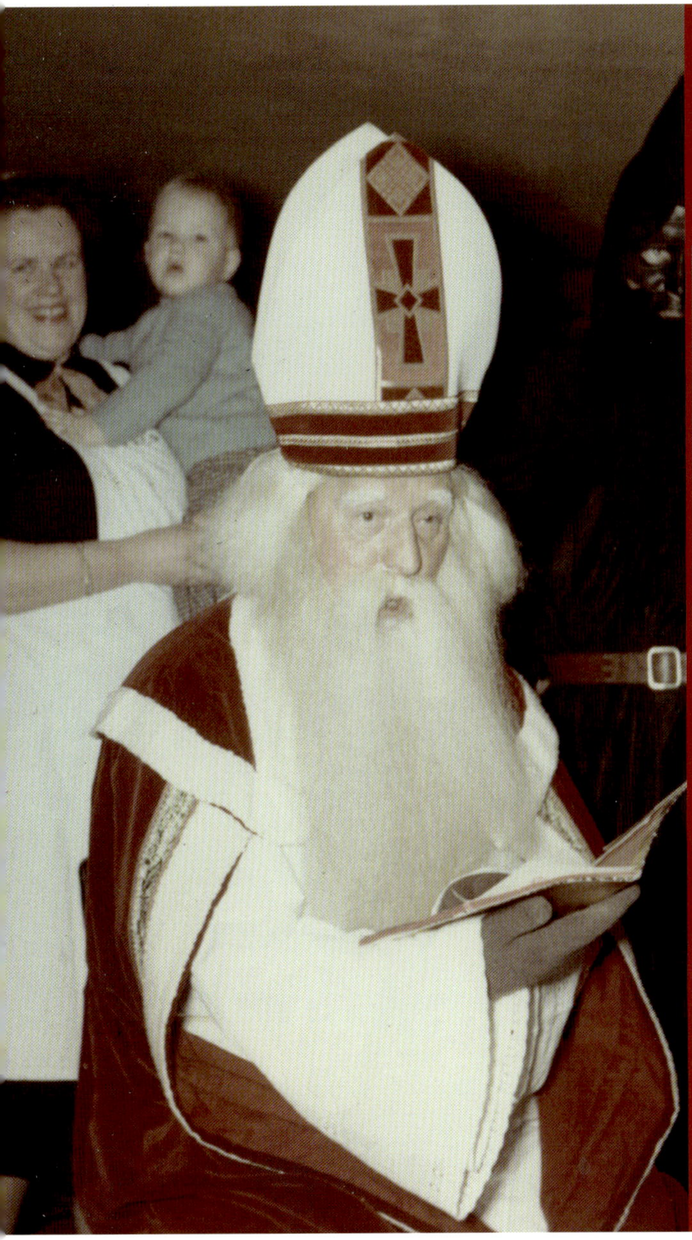

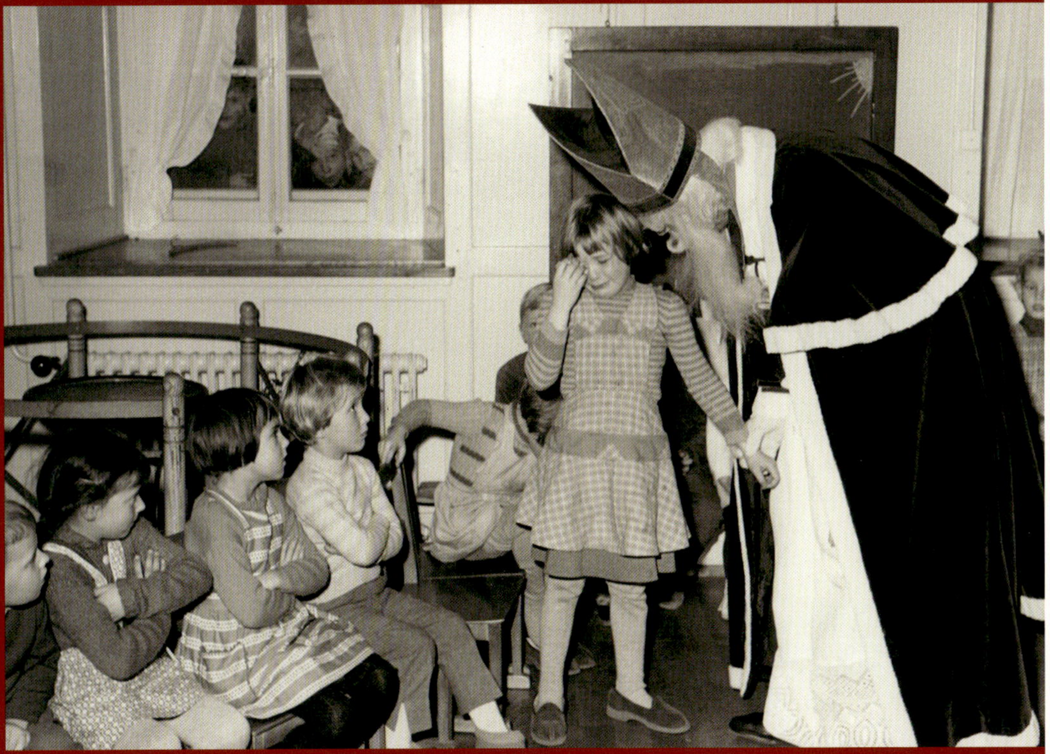

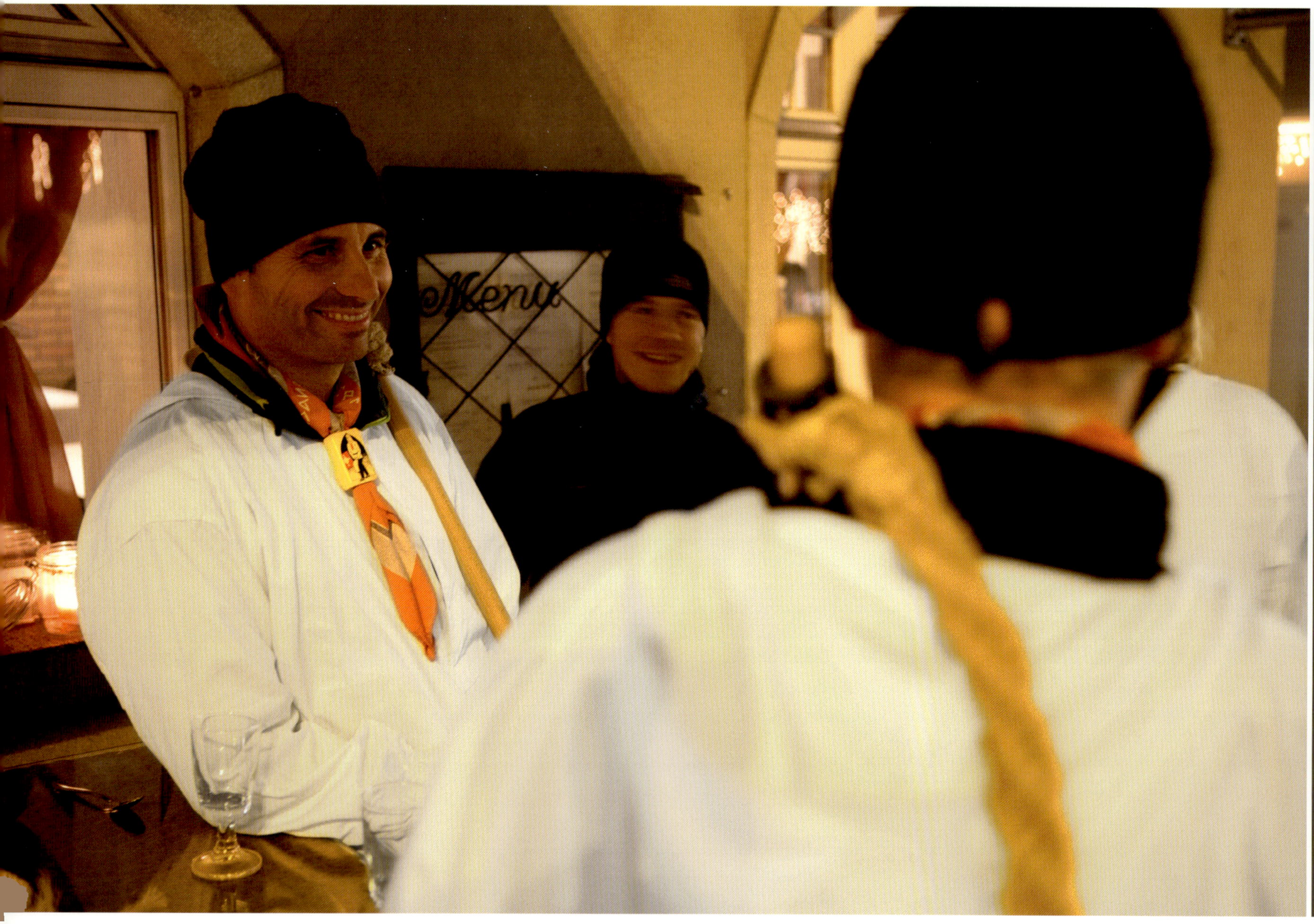
Menu

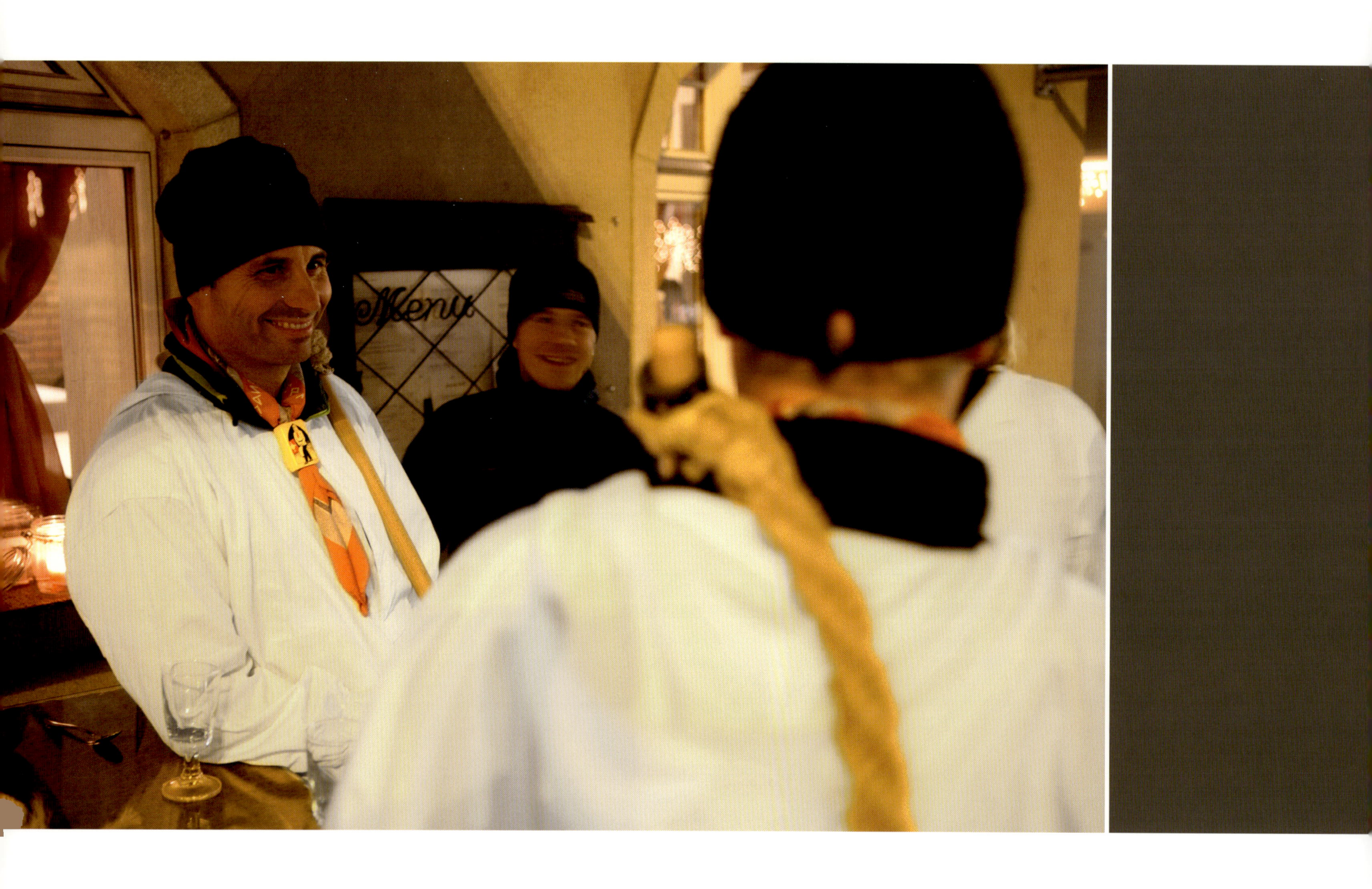

Auftritt der Geisselklepfer

Die Geisselklepfer sind die Stars unter den Klausjägern; der Hauptplatz ist ihre Bühne. Schon um 19.30 Uhr, wenn die Trichler, Iffele-Träger und Hornbläser noch für den Umzug einstehen, haben sie ihren grossen Auftritt. Rund um den Kreisel des Dorfplatzes stehen Hunderte Zuschauer, die Fahrbahn aber ist frei für den «Sechser», die hohe Kunst des Klepfens mit den Schafgeisseln. Die Weltmeister in dieser Disziplin stammen aus Küssnacht – jedenfalls hat ihnen bislang diesen Rang noch niemand streitig gemacht.

Allein mit der Schafgeissel aufzutreten, hat keinen allzu grossen Reiz. Erst die Formationen zeigen das Besondere dieses Lärminstruments. «Der Vierer» ist Standard, der «Fünfer» ergab sich per Zufall, als jemand aus einer Gruppe für ein Jahr ausgefallen war und im nächsten Jahr wieder mittun wollte. Der «Sechser» aber, den das Team um Moritz Räber zeigt, ist das Resultat einiger Tüfteleien und langen Übens. Natürlich muss die Technik jedes Einzelnen stimmen, zusätzlich aber braucht es das Gespür für den Rhythmus und die andern in der Gruppe.

Die Formation ist seit über 25 Jahren zusammen, man kennt sie im Dorf. Und man weiss, was sie können. Während andere Formationen sich noch am «Vierer» die Zähne ausbeissen, haben sie den «Sechser» im Blut. Alle sechs Klepfer ziehen kräftig an, dann vier Schläge gemeinsam, bevor es in raschem, stetem Rhythmus zu knallen beginnt. Natürlich hilft, dass der eine oder andere der Formation im Tambourenverein war oder Schlagzeug spielt. Nach neunzig Sekunden ist der Puls bei allen auf 150 bis 180. Um 20.15 Uhr, nach den wechselnden Auftritten, sind die Geisselklepfer ausgepumpt.

Bei den Schülern ist das Geisselklepfen beliebt – nicht nur, weil es so schön knallt, sondern auch, weil man ganz offiziell schon einen Monat vor dem Klaustag üben darf. Fast alle, die in Küssnacht aufgewachsen sind, haben es einmal ausprobiert, doch die wenigsten sind dabei geblieben. Nach ersten Erfolgen merkt man rasch, dass es sehr viel Übung braucht, um die Technik zu perfektionieren. Moritz Räber gibt Kurse für den Nachwuchs. Ursprünglich war ein Kurs im Formationsklepfen geplant, doch es kamen vor allem Schüler, denen man die Grundbegriffe beibringen musste.

Die Schafgeisseln sind handgemacht und werden in Küssnachter Läden angeboten. Für den «Sechser» nimmt man nicht die längste Geissel, sondern eine von 3,6 Metern Länge. Die gekaufte Geissel wird mit Seife und andern Mitteln weich gemacht. Dann werden Vorschlinge und Zwick angehängt, für die es auch den einen oder anderen Trick gibt. Die Geissel wird direkt am Stecken befestigt; eine Einkerbung und ein rundherum angebrachtes Stück Leder sorgen für die gute Führung.

Das Zusammenbauen der Fuhrmannsgeissel für den Chrüzlistreich erfordert deutlich mehr Fingerspitzengefühl. Jedes Detail muss stimmen, damit es am Ende richtig knallt. Beat Notz gibt Kurse in dieser Disziplin und erklärt den Jungen, wie man die Geisseln herstellt und mit ihnen klepft. Die Technik lerne man nicht in ein paar Stunden, es brauche Jahre, sagt er. Das Faszinierende am Chrüzlistreich sei dann aber, dass es nicht jeder beherrsche. Gebaut wird die Geissel mit dem geflochtenen und biegsamen Stecken aus Sulgenholz, der aber im Innern mit Stahl oder Fiberglas verstärkt wird. Die Verbindung mit dem sogenannten Manndli und dem Geisselleder muss auf den Millimeter stimmen, und bei Vorschlinge und Zwick schwört natürlich auch jeder Chrüzlistreichklepfer auf seine Hausrezepte. Notz lehrt die Teilnehmer an seinem Kurs das Programm, das beim «Priis-Chlepfä» in Schwyz gilt. So können sie sich dort mit andern Klepfern messen. Überdies pflegen die Küssnachter seit einiger Zeit einen regen Austausch mit den Weggisern.

Bei den Schafgeisseln ist das anders: Man will unter sich bleiben und sieht es nicht gern, wenn Klepfer aus Kriens oder Lenzburg in ihren fremden Tenues nach Küssnacht kommen. Die werden dann schon einmal aufgefordert, das Fest zu verlassen – verbunden mit der Drohung, dass man sonst Gegenrecht halten werde und etwa den «Sechser» an ihren jeweiligen Festen zeigen werde. Das schreckt die meisten ab.

Während der Nacht führen die Geisselklepfer ein Eigenleben. Moritz Räbers Formation taucht etwa alle dreissig Minuten auf dem Dorfplatz auf. Nach jedem Beizenbesuch wird eine Runde geklepft. Wegen der körperlichen Anstrengung hat dies den zusätzlichen Vorteil, dass man den Alkohol immer wieder gleich «ausschwitzt». Eine besondere Attraktion sind die Geisselklepfer, die sich jeweils auf Beizentischen in ihrer Kunst versuchen. Mit den Fuhrmannsgeisseln geht das beispielsweise im grossen «Widder»-Saal ganz gut, mit der langen Schafgeissel haben es (zum Glück für alle Restaurantbesucher) noch nicht sehr viele ausprobiert.

Die Fuhrmannsgeissel

Der Stecken für die Chrüzlistreichgeissel wird im Südtirol aus Sulgenholz gedreht. Damit er stabiler wird, verstärkt ihn Beat Notz im Innern mit Stahl oder Fiberglas. Die Verbindung von Stecken und Geissel ist eine Kunst für sich – ebenso wie die Herstellung des richtigen Zwicks. Zur Dekoration und zum Schutz wird der Stecken mit Leder umwickelt. Schliesslich wird er mit einem roten Lederband und Dachshaar verziert.

Die Schafgeissel

Damit sich die Geissel am Stecken gut dreht, kerbt Moritz Räber diesen ein. Eine Führung aus Leder verhindert, dass sich das Seil plötzlich selbständig macht. Als Zwick dient eine gedrehte Nylonpackschnur. Sie sorgt dafür, dass beim Klepfen ein Vakuum und letztlich ein Überschallknall entsteht. Die Lautstärke des Knalls liegt bei rund 100 Dezibel, was für die Ohren noch nicht allzu schädlich ist.

36

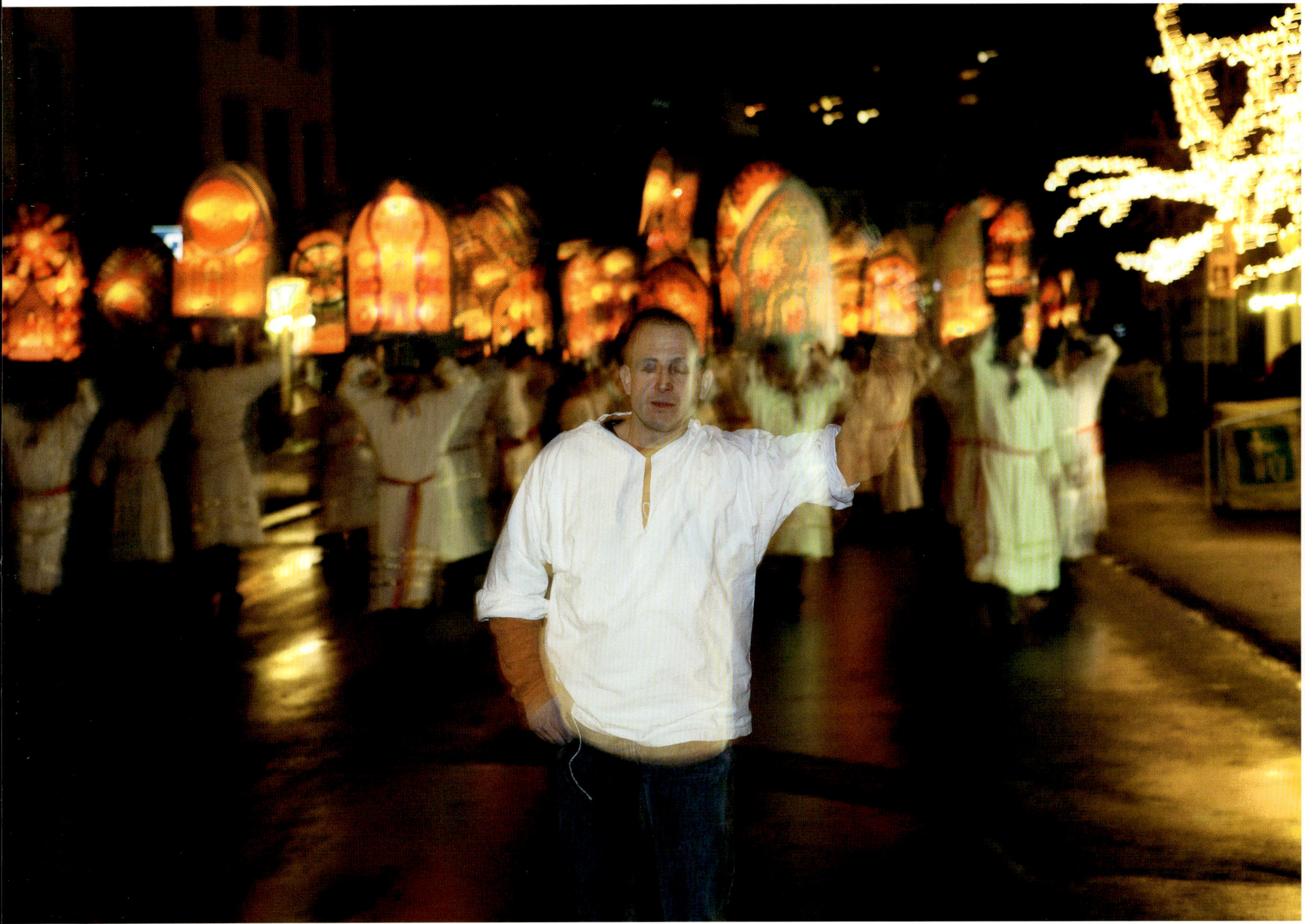

38

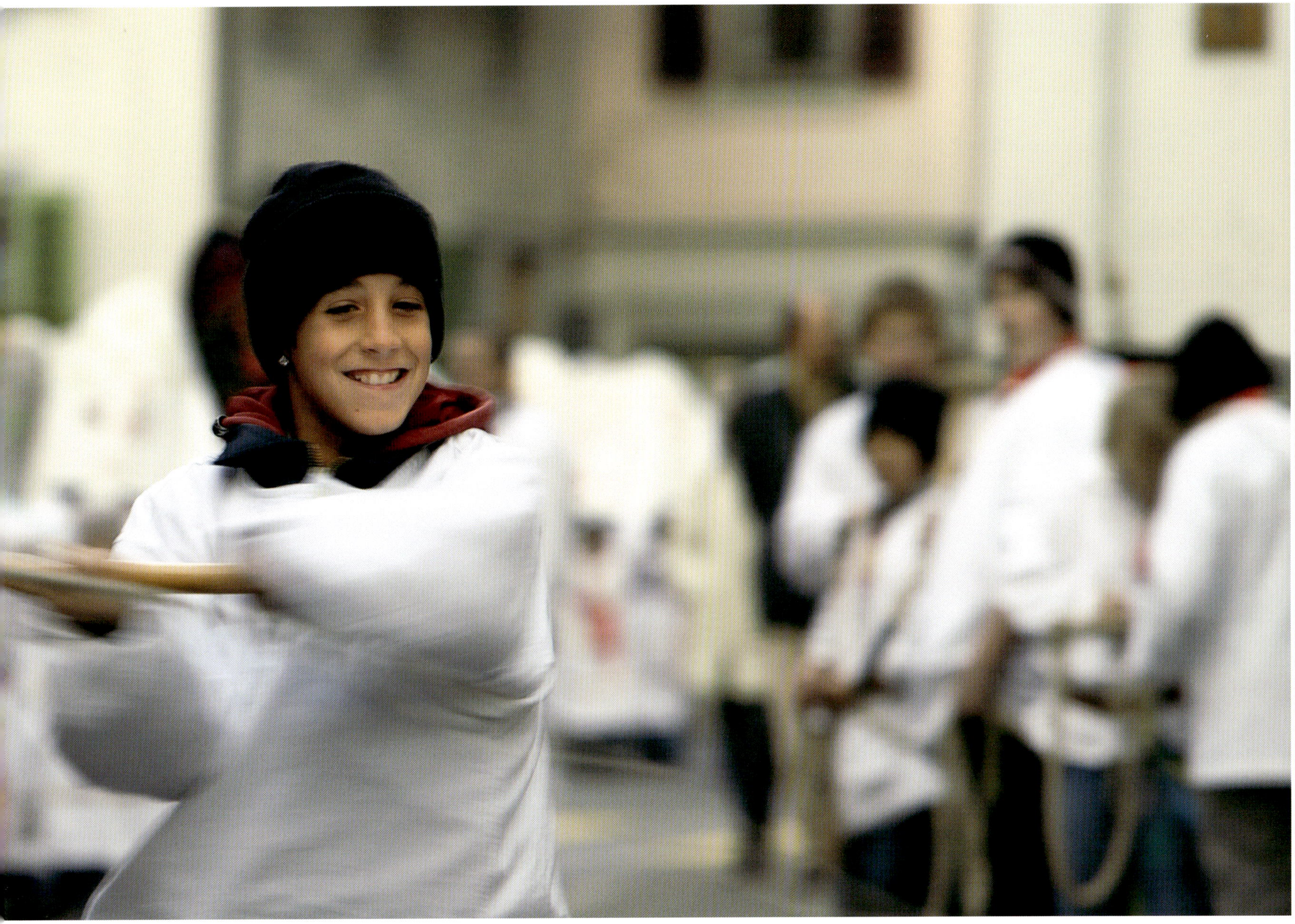

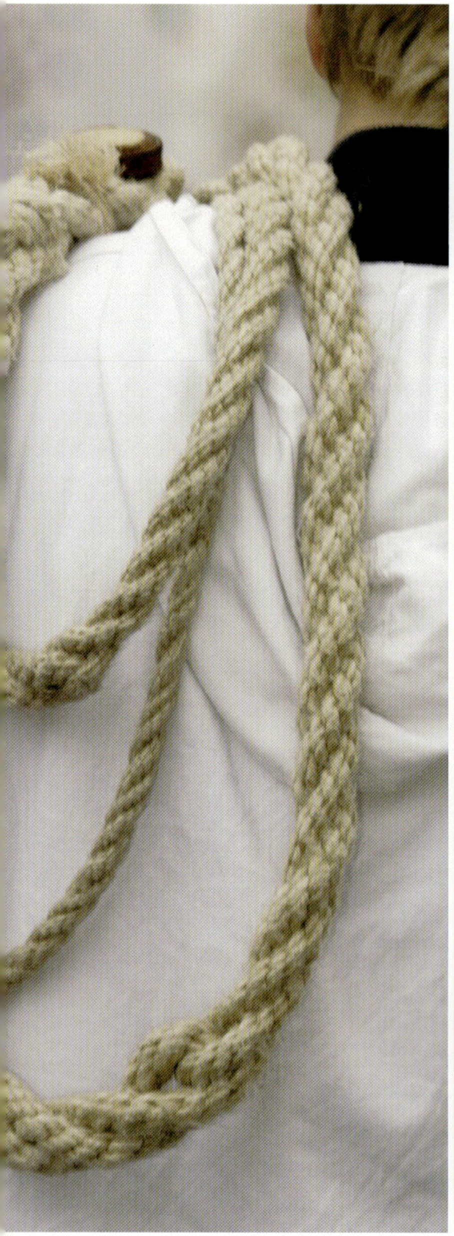

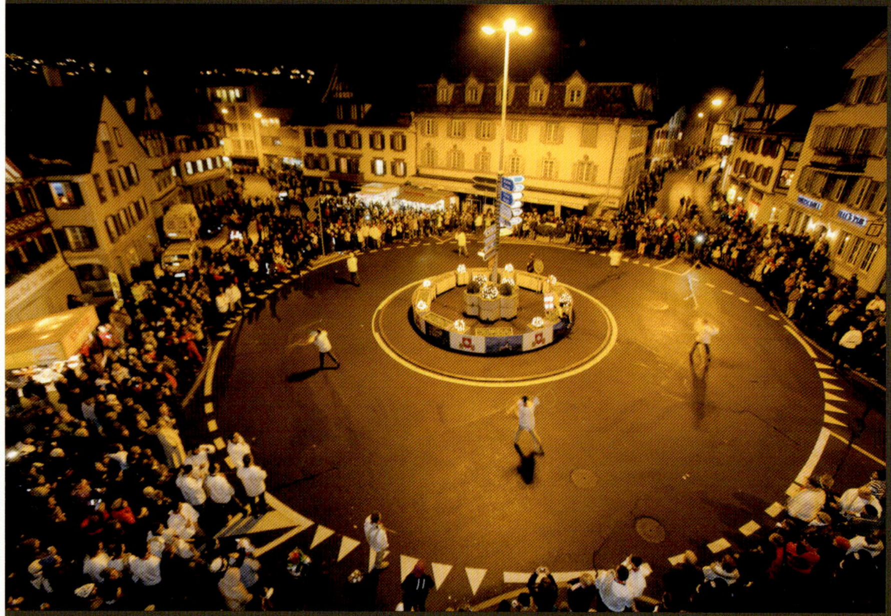

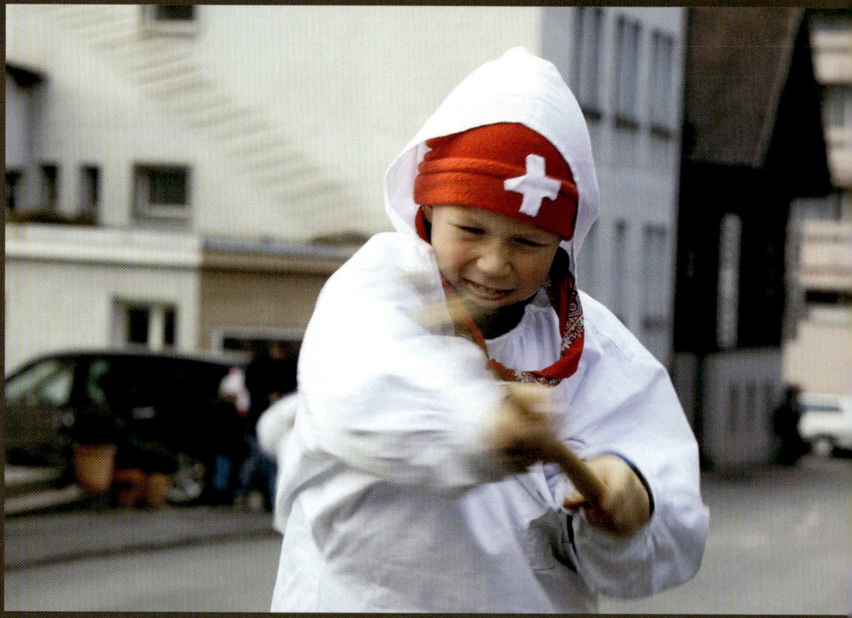

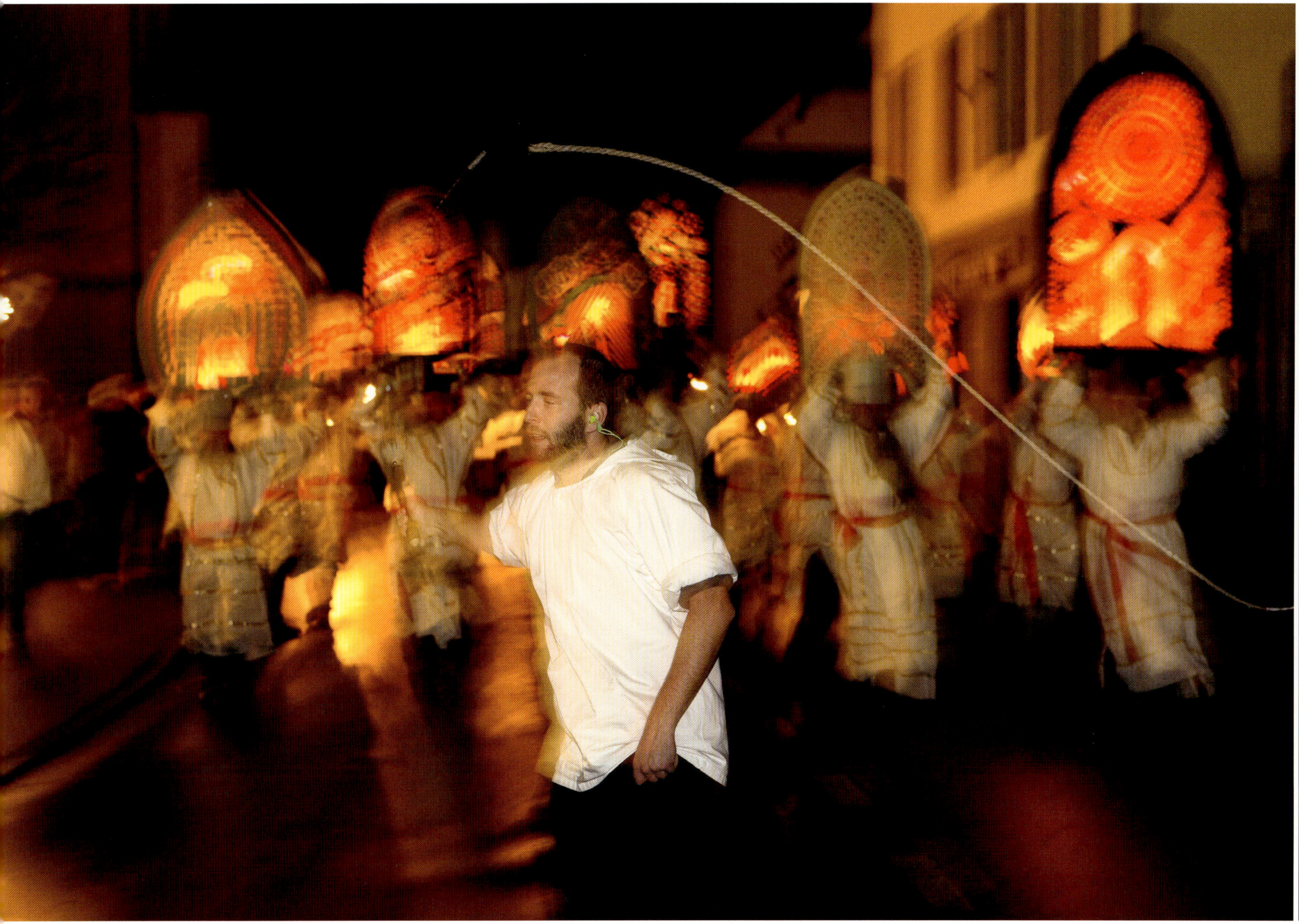

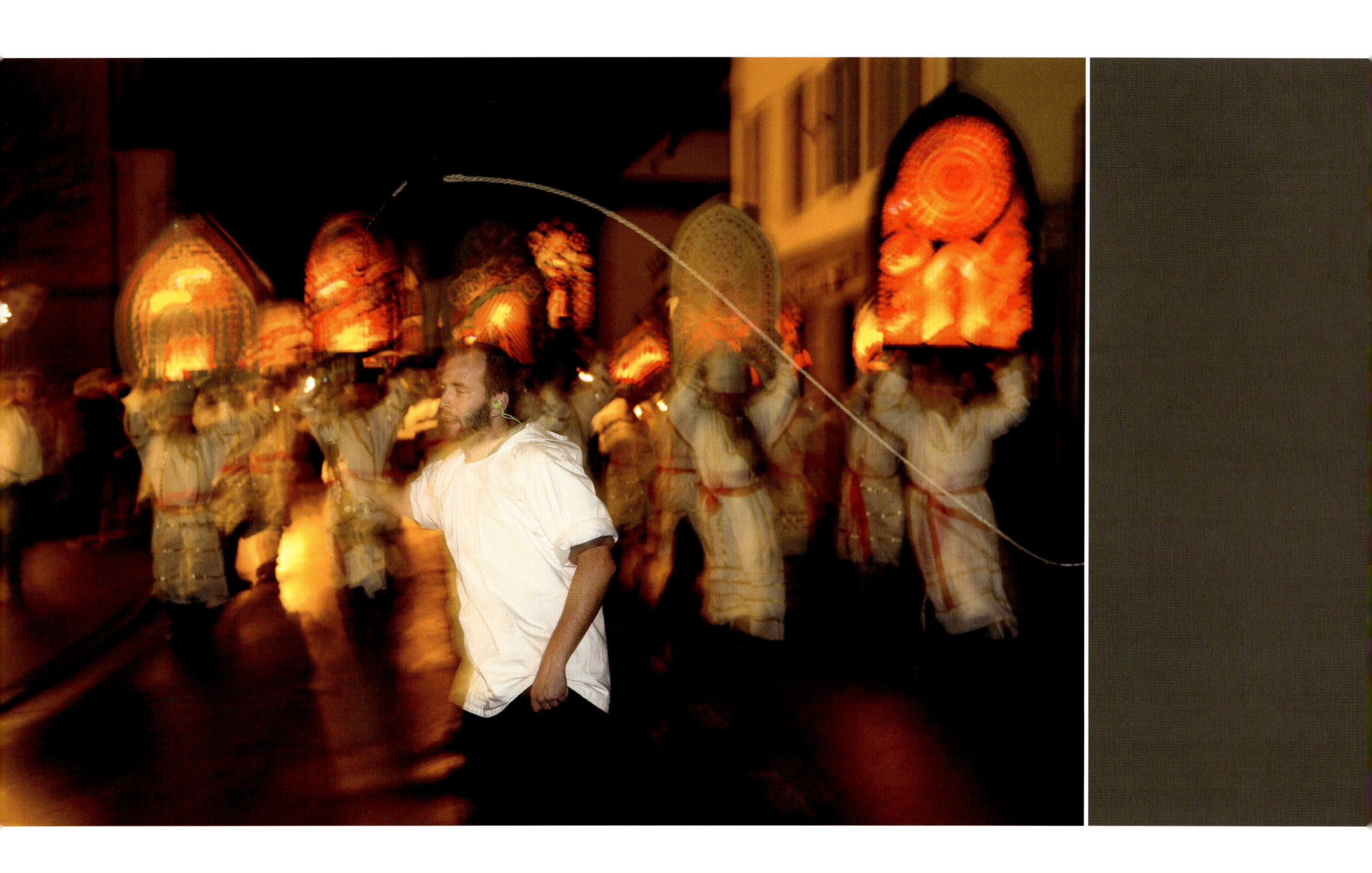

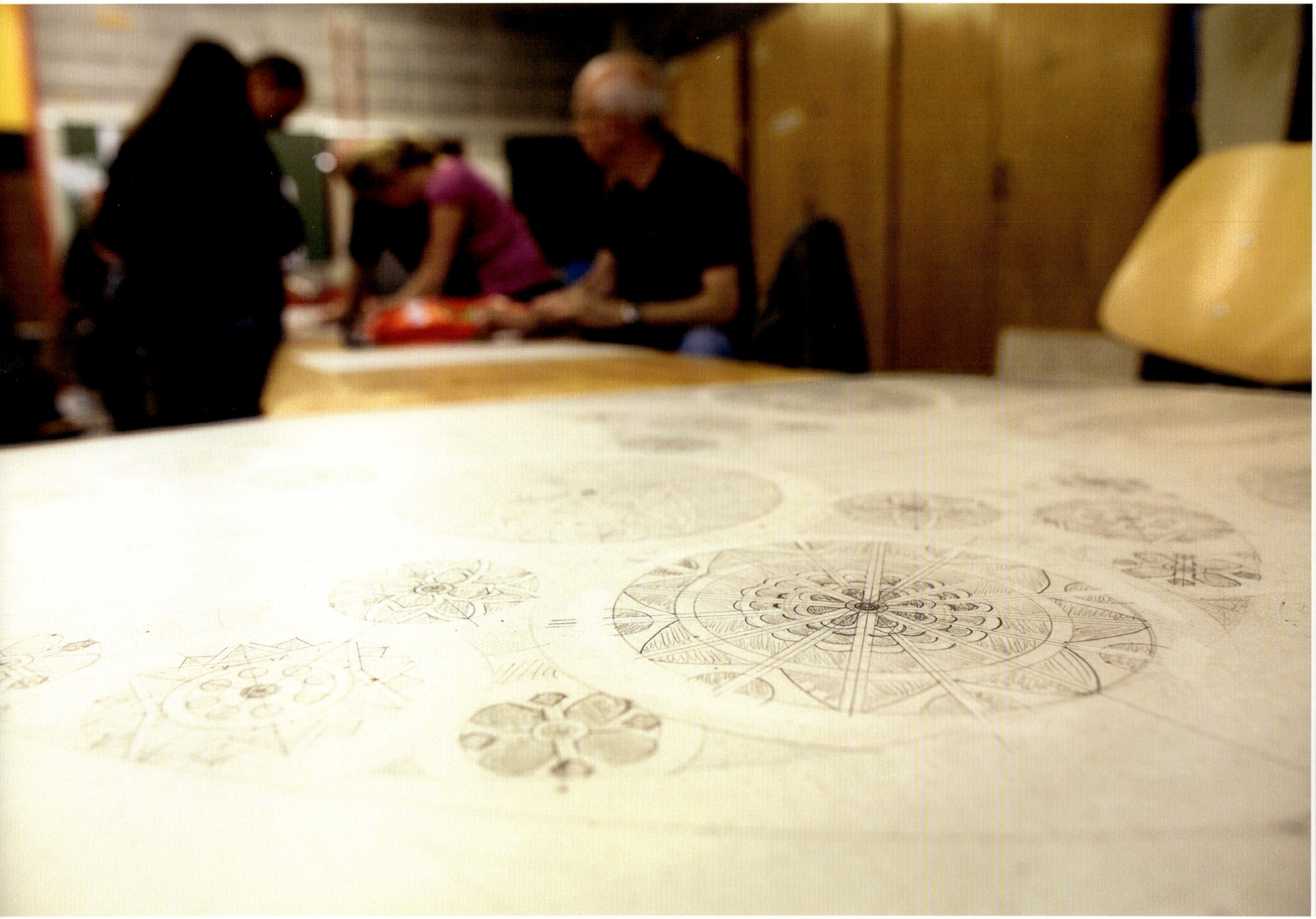

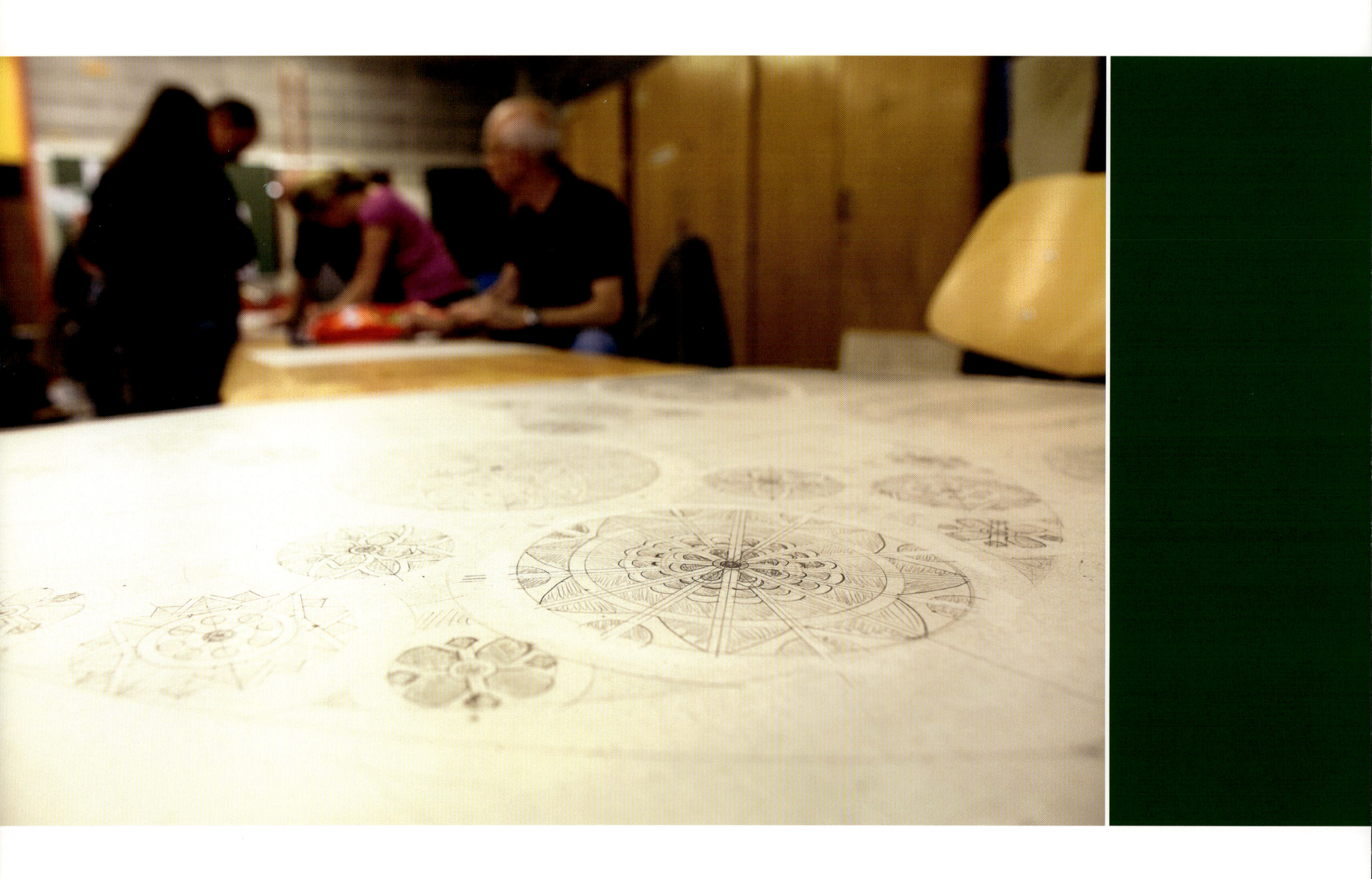

Die Kunst der Iffele-Bauer

Die Infuln oder, wie man in Küssnacht sagt, die Iffele haben den Klausumzug weitherum berühmt gemacht. «Erfunden» in der heute noch gültigen Form hat sie Franz Sidler, Wirt des Restaurants Sternen. «Sterne-Franz» ist für manche noch immer der unübertroffene Meister. Erstaunlich eigentlich, dass ihn die Kunstwelt noch nicht als grossen Volkskünstler entdeckt hat. Heutige Iffele sind oft bis 2,5 Meter gross und um die 20 Kilogramm schwer. Sie herzustellen, dauert in der Regel über 700 Stunden.

Um den Nachwuchs bei den Iffele-Bauern muss sich die St. Niklausengesellschaft keine Sorgen machen. Hanstoni Gamma, der Iffele-Chef, führt regelmässig Kurse durch, an denen jeweils ein gutes Dutzend Interessierte teilnehmen: vom Sekundarschüler bis zum 70-Jährigen, Männer, Frauen, Väter mit ihren Söhnen.

Auf zwei grossen Kartonteilen werden die filigranen Muster vorgezeichnet und dann ausgestanzt und anschliessend doppelt mit Seidenpapier beklebt. Ins Innere kommen bis zu zwölf Kerzen zur Beleuchtung. Am Abschlussabend des Kurses zeigen die Teilnehmer stolz ihre Kunstwerke: Ganz unterschiedliche Ornamente, Muster und Klausfiguren sind entstanden und leuchten nun erstmals vor den Augen der Angehörigen.

Bei der Suche nach den Motiven für die Iffele ist man nicht ganz frei. Es gibt ein Reglement, in dem steht, was auf eine Iffele gehört und was nicht. Zwingend vorgeschrieben sind der Samichlaus, das Kreuz und die Jesus-Inschrift JHS. Verpönt sind bildliche Darstellungen, die nichts mit dem Klausjagen zu tun haben. Einige haben die künstlerische Freiheit immer schon sehr grosszügig interpretiert: Neben der berühmten «Sputnik»-Iffele von Josef Schaller hat man auch schon einen Schlumpf oder Miraculix gesehen.

Wann die ersten Iffele hergestellt wurden, ist nicht ganz klar. In älteren Beschreibungen liest man nichts von ihnen, bei der Schilderung des Volkskundlers Alfred Schaller-Donauer aus dem Jahr 1912 ist die Rede davon, dass immer zwei Iffele vor einer Schar von Klausjägern hertänzelten. Ältere Bilder zeigen, dass die ersten Iffele noch eher grobe Muster hatten. Auch Sterne-Franz musste seinen Stil erst finden, wie seine noch nicht sehr filigranen älteren Werke zeigen. Die ältesten noch erhaltenen Iffele stammen aus den Jahren 1916 und 1917.

1950 erschien im «Luzerner Tagblatt» ein Artikel über den damals 75-jährigen Franz Sidler. Er habe schon gegen fünfzig Iffele gebaut, wurde darin berichtet, die grössten gegen zwei Meter hoch. Einer der aktivsten Nachfolger Sidlers ist Alois Gössi, von dem wohl um die achtzig Iffele stammen. Aber auch er musste das «Handwerk» erst lernen. Gössi zeigt uns während eines Gesprächs ein Foto, auf dem eine Iffele zu sehen ist, die er mit siebzehn Jahren gemacht hat – ein äusserst feines Gebilde mit verästelten Ornamenten und schmalem Rand. Da habe das Verhältnis von Licht und Schatten noch nicht gestimmt, sagt er. «Die hätte viel mehr Fleisch haben sollen.» Gössi verwendete für seine Iffele jeweils nur fünf Farben, einfach die stärksten, wie seine Frau sagt, die ihm beim Kleben immer geholfen hat. Eine Gössi-Iffele erkennt man übrigens leicht am ausgestanzten «G» an der Spitze.

In den siebziger Jahren hat eine neue Generation von Iffele-Bauern mit moderneren Darstellungen experimentiert – allen voran die Brüder Jürg, Peter und Norbert Feusi. Die Gestaltung orientierte sich an gotischen Kirchenfenstern, die Perspektive und die räumliche Wirkung wurden wichtig – und, was einige Traditionalisten auf die Palme brachte, die Farbe des Kartons wechselte von Grau zu Schwarz. Heute stehen die unterschiedlichen Ansätze gleichwertig nebeneinander; die Einheimischen erkennen aber noch immer, aus welcher Epoche eine Iffele stammt oder gar, wer sie gefertigt hat.

Auch die Herstellungstechnik hat sich verändert: Bei den grösseren Iffele wird heute nur noch das Grobgerüst aus einem Stück Karton hergestellt. Die filigraneren Teile werden aus feinerem Karton geschnitzt und schliesslich in die Grundstruktur eingesetzt. Auch bei den Farben gibt es keine Beschränkungen mehr. Man setzt auf grosse Vielfalt und sogar auf Farbverläufe innerhalb eines Ornaments. Zum Glück für die Küssnachter Iffele-Bauer konnte die St. Niklausengesellschaft von der Kalenderfirma Calendaria mehrere Tonnen eines besonders geeigneten Kartons erstehen, die heute im Estrich des Pfarrhauses in Küssnacht lagern.

Die Küssnachter Iffele sind im Prinzip alles Unikate – mit einer ganz speziellen Ausnahme: 1992 beschloss die St. Niklausengesellschaft, sich an einer gross angelegten volkstümlichen Ausstellung im «Musée de l'Homme» in Paris zu beteiligen. Zu diesem Zweck stellten einige engagierte Iffele-Bauer neun Kopien bestehender Werke her. Diese wurden nach Paris verschickt, doch die Ausstellung kam nie zustande. Es gab Finanzprobleme, einen neuen Direktor und unvorhergesehene Renovierungsarbeiten. Nach Interventionen des früheren Präsidenten Toni Gössi kamen die Iffele schliesslich wieder zurück nach Küssnacht, wo sie nun neben den Originalen am Umzug erscheinen dürfen.

Der Kursleiter Hans-toni Gamma erklärt einer Teilnehmerin, worauf man beim Entwerfen der Ornamente achten muss.

Mit dem Zirkel werden Rosetten gezeichnet, die von jeher eine der Grundformen auf einer Iffele sind.

Die ausgestanzten Öffnungen werden nun mit Seidenpapier hinterlegt.

Das Ausstanzen der zum Teil sehr feinen Formen verlangt von den Iffele-Herstellern sehr viel Geschick und Fingerspitzengefühl.

Zum Schluss wird die Iffele von innen beleuchtet. Bei grösseren Exemplaren kommen bis zu zwölf Kerzen zum Einsatz.

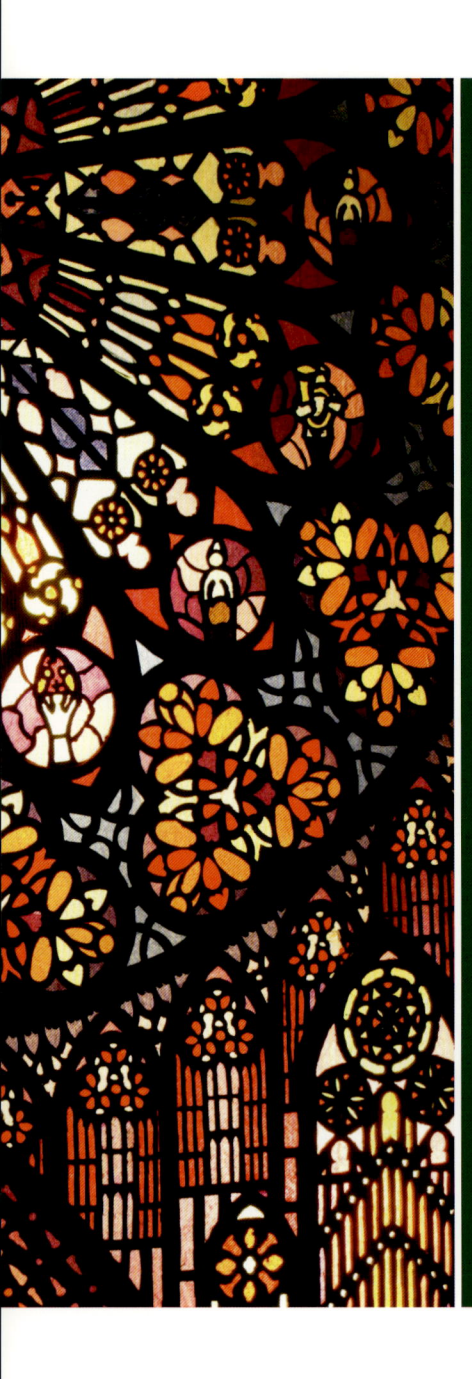

In Küssnacht dürfte es um die 400 Iffele geben, wovon allerdings ein Teil permanent im Estrich oder in der guten Stube als Raumschmuck steht. Nur bei schönem Wetter sind deutlich über 200 von ihnen am Umzug zu bestaunen. Die St. Niklausengesellschaft führt ein Inventar der Iffele, die ihr bekannt sind. Weil deren Herstellung aber Privatsache ist, wird niemand verpflichtet, sie eintragen zu lassen. Die meisten allerdings präsentieren ihre neu gefertigte Iffele mit berechtigtem Stolz an der Generalversammlung der Gesellschaft.

Die kleine Auswahl, die wir auf den folgenden Seiten zeigen, kann nie die ganze Vielfalt der Küssnachter Iffele-Tradition abbilden. Neben den Werken der Altmeister Franz Sidler und Alois Gössi stehen vor allem neuere Iffele – was zeigen soll, dass in Küssnacht das traditionelle Kunsthandwerk weiterlebt und gepflegt wird.

Franz Sidler
Entstehungsjahr 1934
150 cm

1 **Hans Huwiler**
Entstehungsjahr 2013
160 cm

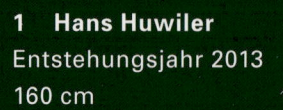

2 **Diego Meyer**
Entstehungsjahr 2011
200 cm

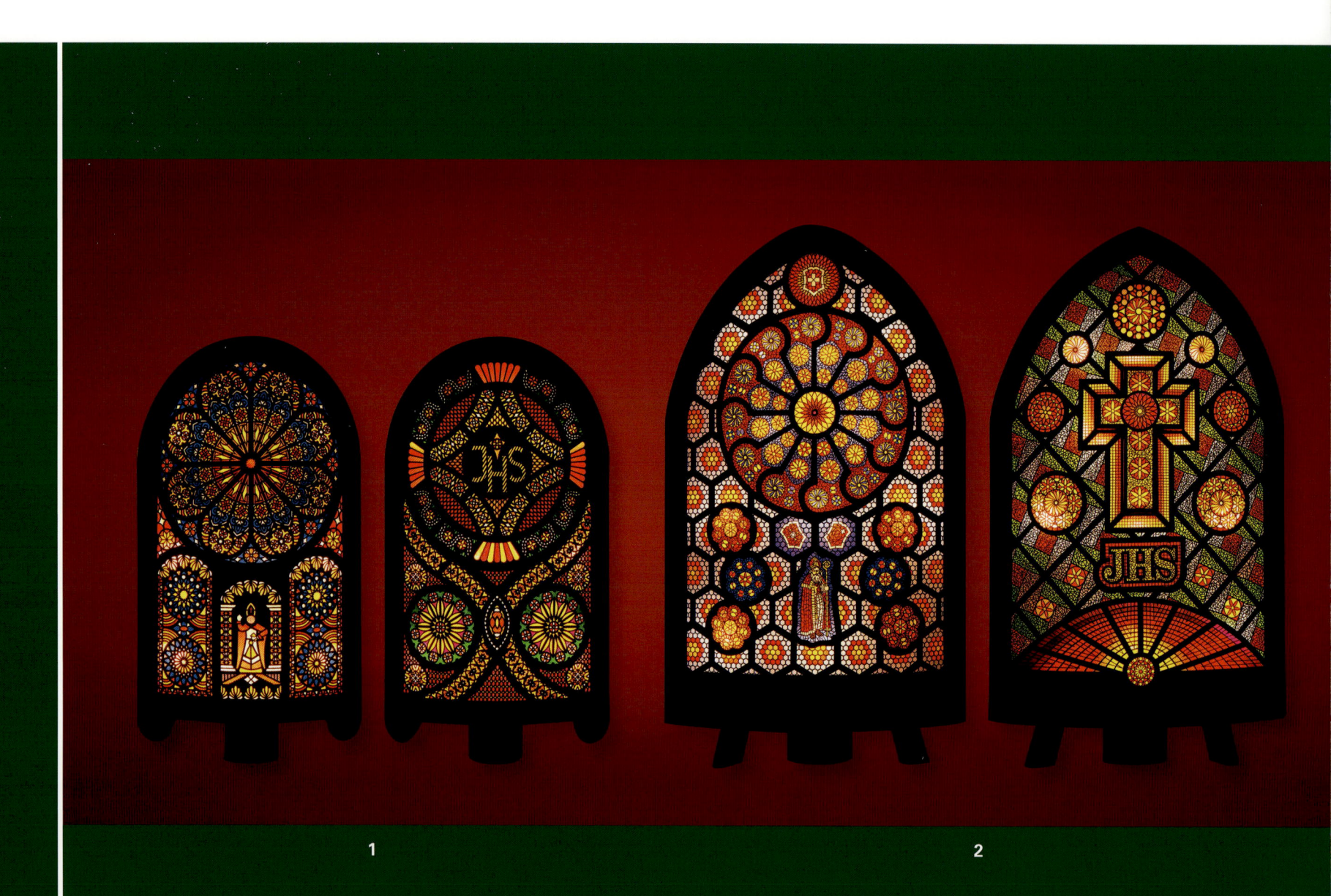

3 Walter und Reto Bundi
Entstehungsjahr 1998
180 cm

4 Alois Gössi
Entstehungsjahr 1959
175 cm

3

4

52

5　Rudolf Jost
Entstehungsjahr 2012
130 cm

6　Thomas Arnitz
Entstehungsjahr 1992
90 cm

5

6

7 **Hanstoni Gamma**
Entstehungsjahr 1984
76 cm

8 **Silvia Ulrich**
Entstehungsjahr 1998
85 cm

7

8

54

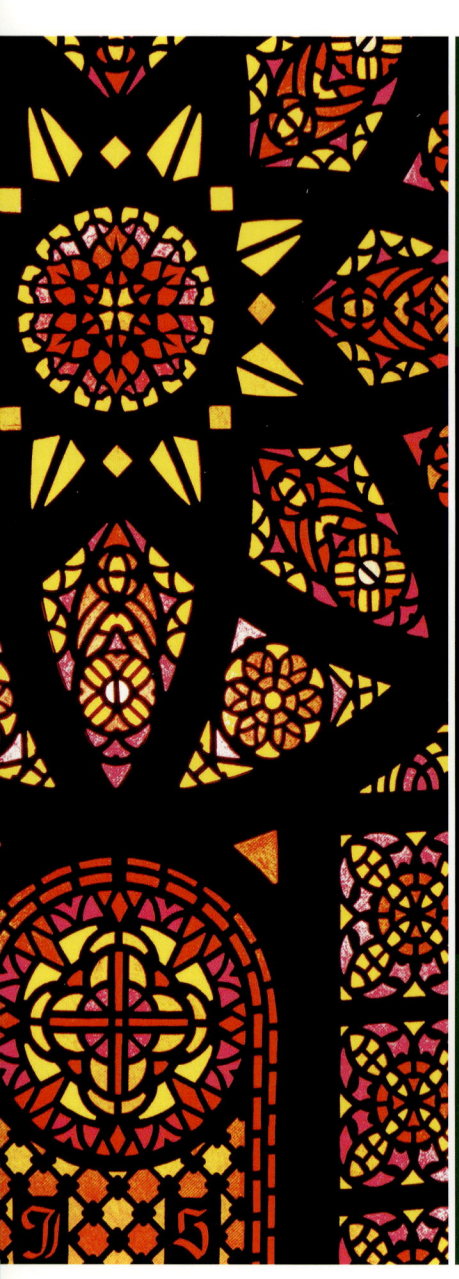

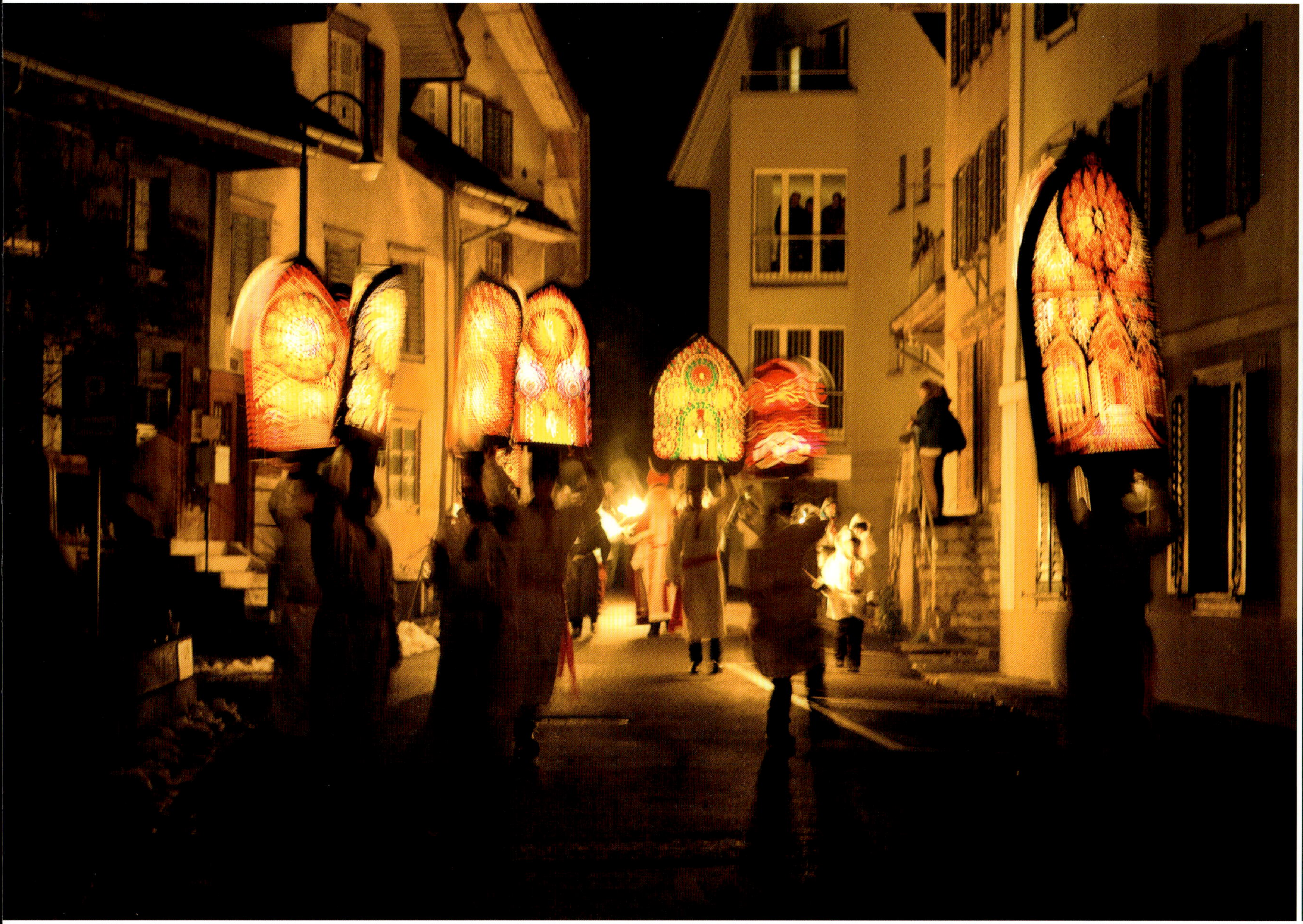

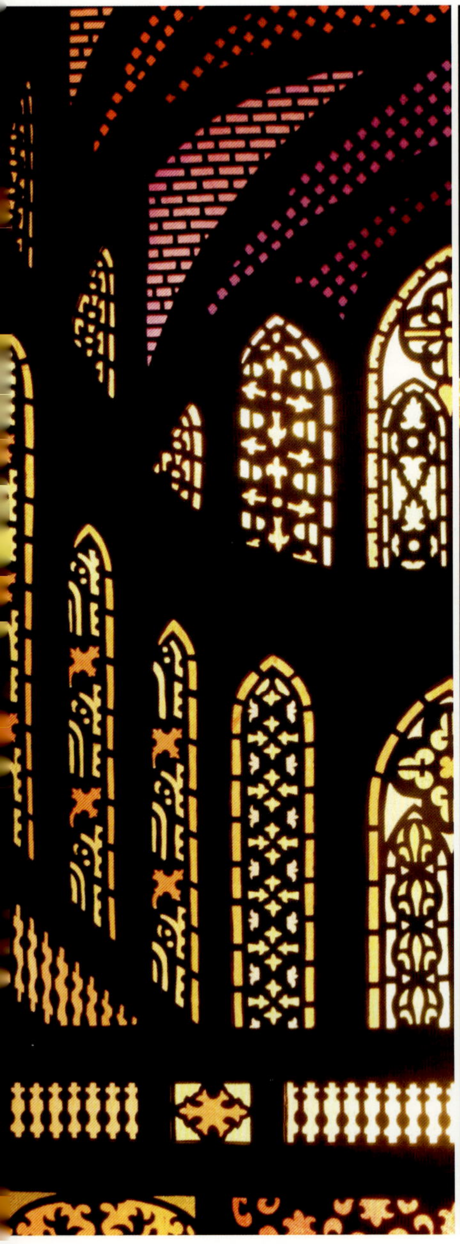

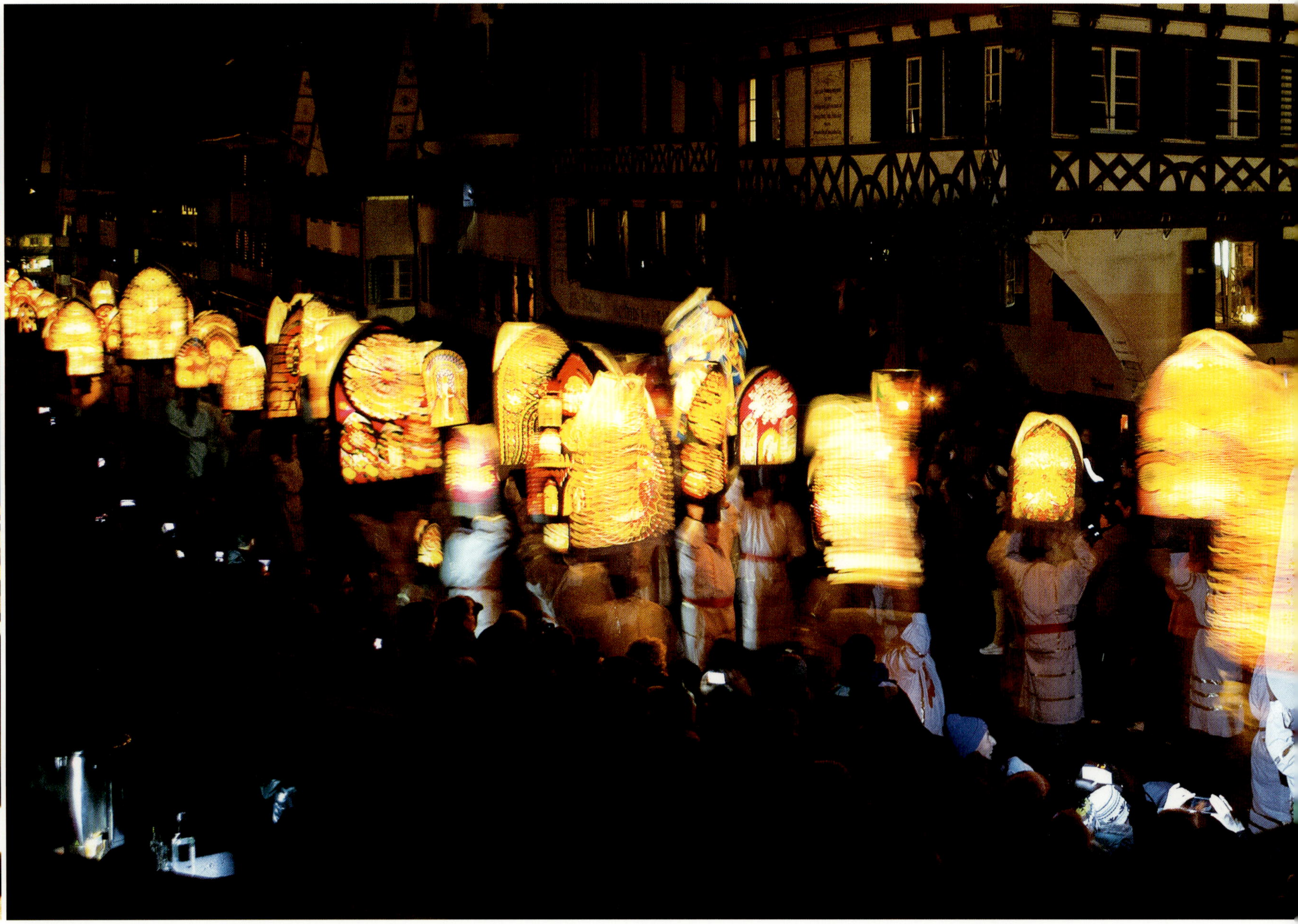

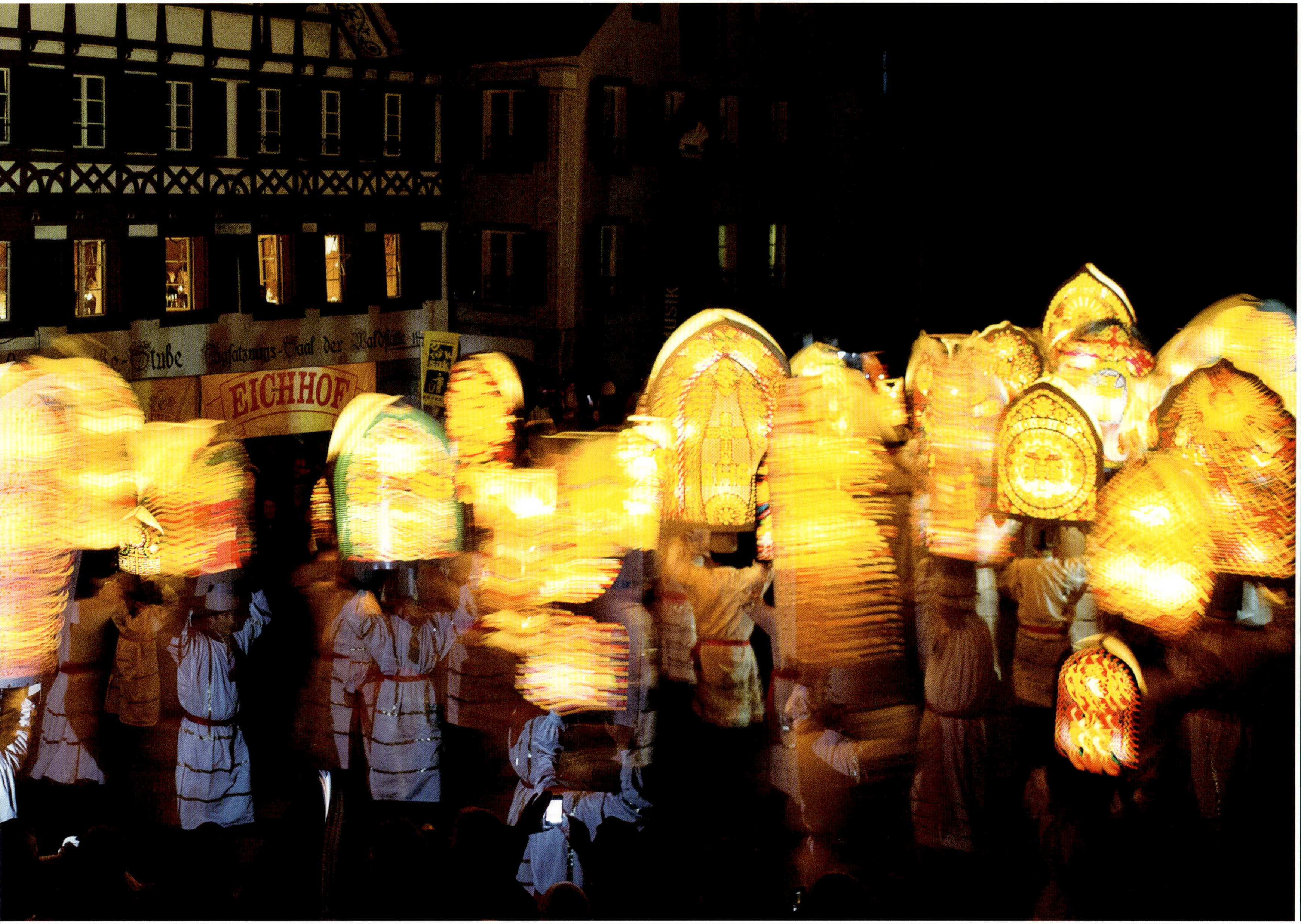
EICHHOF

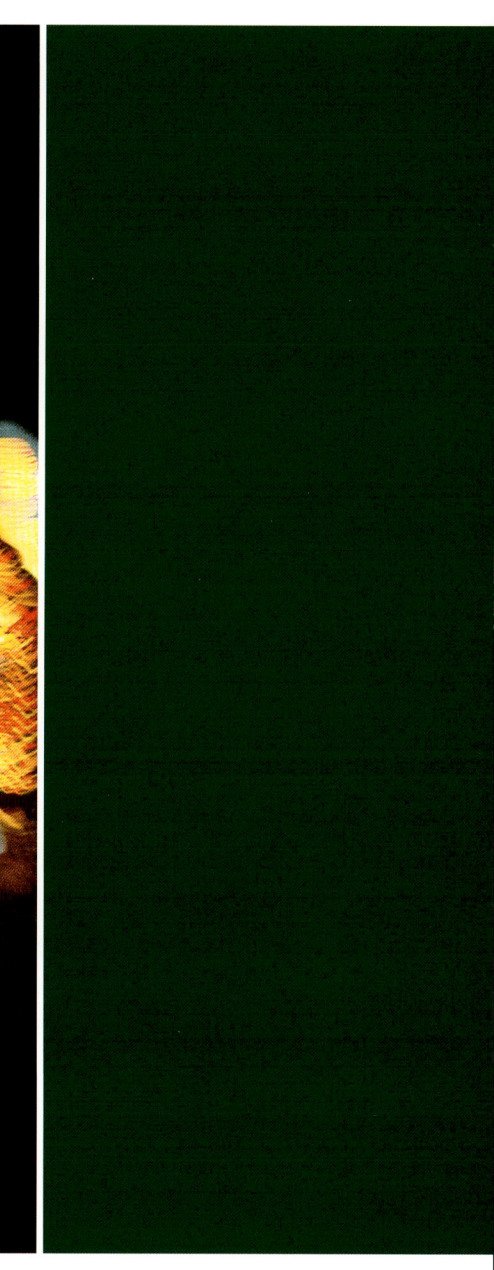

58

59

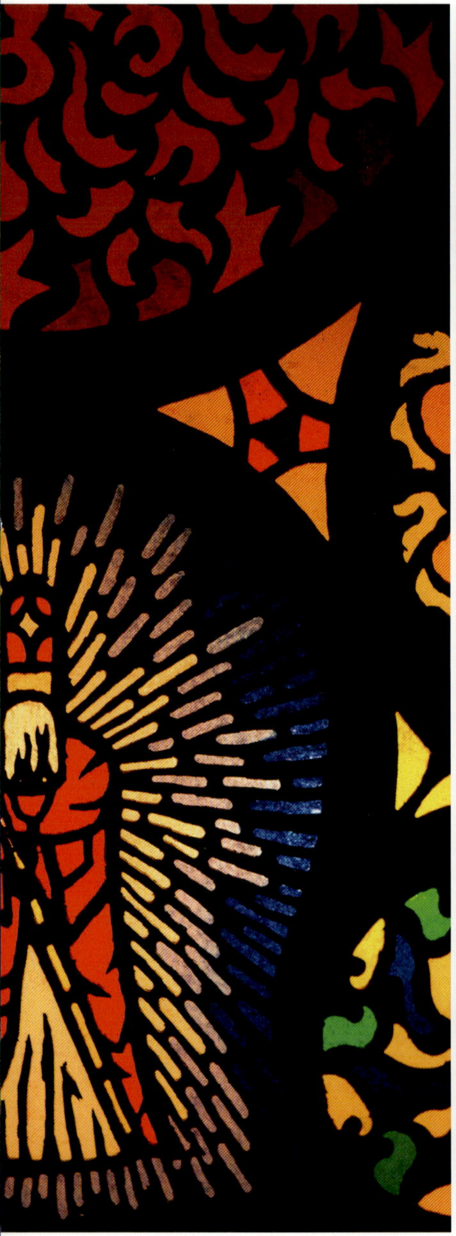

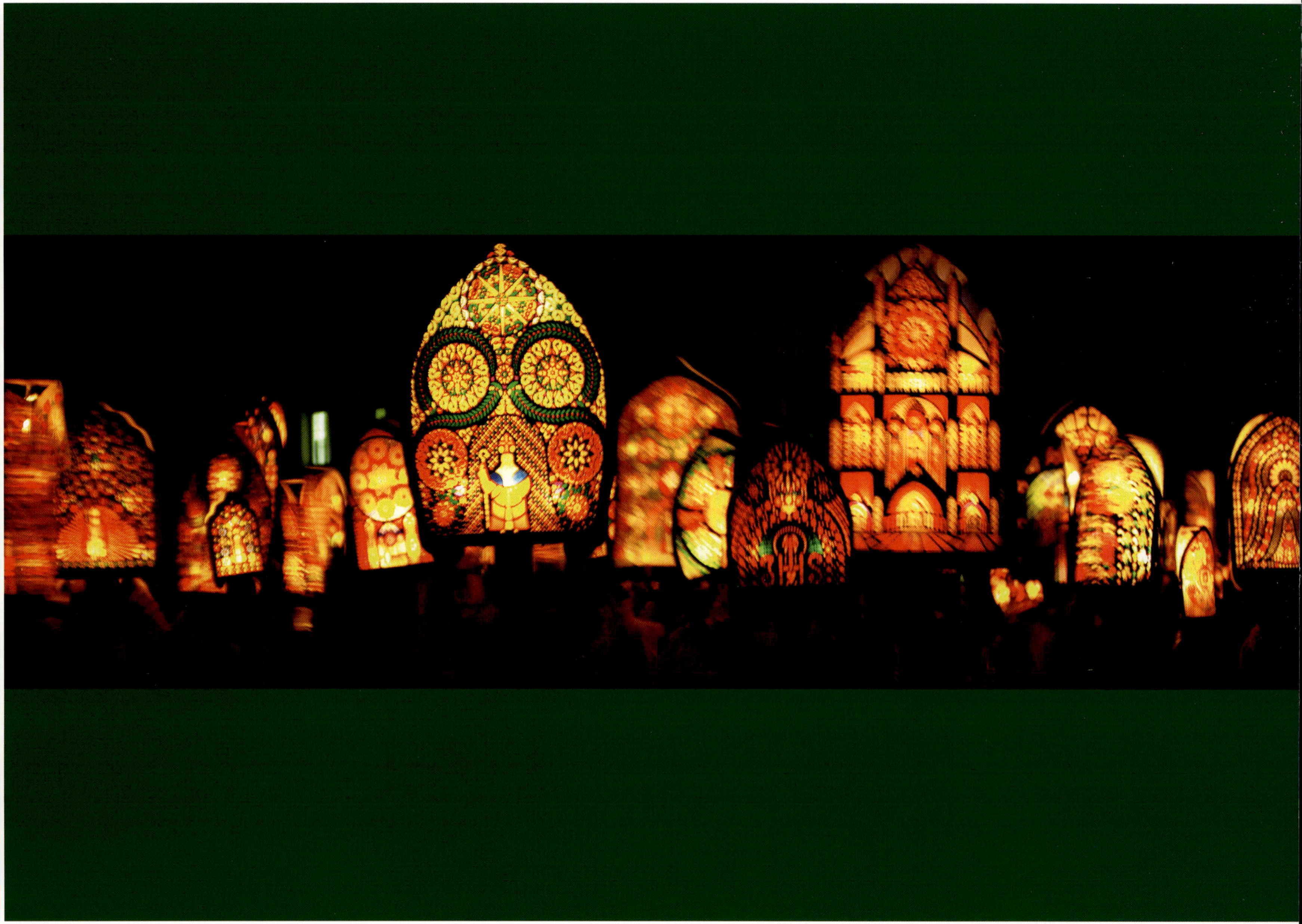

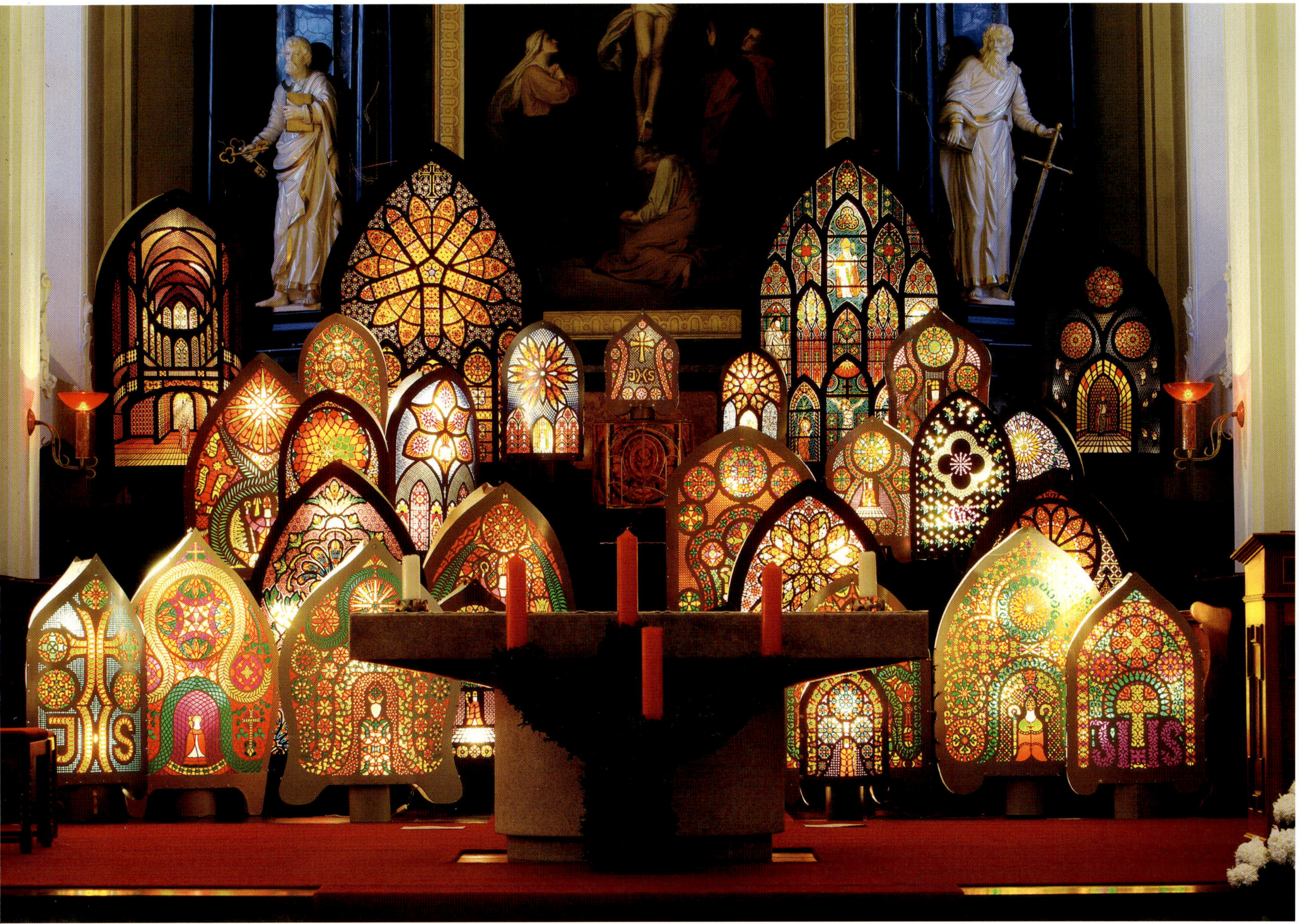

62

Viel Lärm um Senten und Klopfen

Die Trichler bilden mit gegen tausend Teilnehmern die grösste Gruppe des Umzugs. In den Frühzeiten holte man sich einfach Kuhglocken von den Bauern, heute werden zum Teil riesige Tricheln geschwungen, die eigens fürs Brauchtum geschaffen worden sind. Alle werden zwar in ähnlicher Weise aus Blech geschmiedet und dann verschweisst, doch haben sich im Lauf der Jahre zwei Grundformen entwickelt: Senten und Klopfen. Dahinter stecken nicht nur unterschiedliche Klänge und Rhythmen, sondern auch je eigene Anschauungen.

Im 19. Jahrhundert war zum Klausjagen alles recht, was Lärm machte. Nicht nur Kuhglocken wurden verwendet, sondern auch Raffeln, Glasröhren, Pistolen oder Kanister, die mit Steinen gefüllt wurden. Die Behörden und später die St. Niklausengesellschaft bemühten sich schliesslich, den Umzug auf die «klassischen» Instrumente zu beschränken. Schellen, also gegossene Glocken, waren zwar noch erlaubt, sie wurden aber allmählich von den geschmiedeten Tricheln verdrängt. Immerhin gab es 1933 im Umzug aber noch separate Schellen- und Trichelsektionen.

In den fünfziger und sechziger Jahren kaufte die St. Niklausengesellschaft Senten in grosser Zahl am Genfersee oder im Tirol. Zwanzig Jahre später wurden sie aber immer mehr konkurrenziert von den sogenannten Klopfen aus dem Muotatal, die lauter sind und schneller geschlagen werden – und auch billiger zu erstehen sind. 2013 beschloss die Generalversammlung der St. Niklausengesellschaft, die beiden Instrumente am Umzug zu trennen – damit auch der feine Sentenklang, den viele ältere Klausjäger so lieben, nicht untergeht.

Das Herstellen von Tricheln ist kniffliger, als man denkt. Jürg Bartenbach, der in Oberbalm bei Köniz eine renommierte Trichelschmiede betreibt, erklärt uns, worauf es ankommt: Wichtig sei ein lang anhaltender Klang, der nur durch Schmieden zu erreichen sei. Die beiden Teile für die Trichel bringt Bartenbach zunächst grob in eine gewölbte Form. Dann kommen sie in eine Presse, wo sie ins selber hergestellte Gesenk gedrückt werden.

Als Nächstes ist schweisstreibendes Handwerk angesagt. Stück für Stück werden die beiden Teile rotglühend erhitzt und anschliessend mit dem Hammer geschmiedet. Die Hälften müssen am Ende verschweisst und verlötet werden. «Wenn die Trichel nicht hundertprozentig dicht ist, ‹tschätterets›.» Im untersten Teil, beim Maul, darf nur noch gelötet und genietet werden, damit die Trichel flexibel bleibt. Die Oberflächen werden nun ganz unterschiedlich behandelt. Charakteristisch für die Bartenbach-Tricheln ist die schwarze Lackierung, die noch leicht angeschliffen wird, damit man die Bearbeitungsspuren sehen kann.

Es war nie ganz einfach, passende Tricheln für den Küssnachter Klausumzug zu finden. 1959 steht im Protokoll einer Vorstandssitzung, dass der «nimmermüde Präsident» Otto Räber auf einer Geschäftsreise an den Genfersee «schöne Sententreicheln in Ton und Klang» entdeckt habe. Bei grosser Bestellung gebe es Mengenrabatt. Unverzüglich erstand die Gesellschaft ein paar der Senten und verkaufte sie an der GV an Interessierte weiter. 1962 zählt der Klausenschreiber 103 Senten am Umzug, «zum Teil sehr grosse und dieses Jahr 12 neue aus dem Tirol». Im nächsten Jahr konnte er sogar von 24 neuen Tiroler Senten berichten.

Die Tricheln vom Genfersee stammten von der einst berühmten Trichelschmiede Morier in Morges. Die «Tiroler» fertigte Emil Mattle aus Strengen am Arlberg. All diese Tricheln sind heute gesuchte Stücke, für die weit über 1000 Franken bezahlt werden. Die Zusammenarbeit mit den Produzenten klappte allerdings nicht immer reibungslos. So reiste einst eine Abordnung des Vorstands zu Mattle nach Strengen, um wie vereinbart zwölf neue Tricheln abzuholen. Ob es sich einfach um ein Missverständnis handelte, lässt sich natürlich nicht mehr eruieren. Jedenfalls war, als die Küssnachter ankamen, keine einzige Trichel fertig. Die Vorstandsmitglieder reisten also mit leeren Händen heim, schrieben aber einen geharnischten Brief an Mattle und warfen ihm darin vor, lieber in den Tag zu leben als zu arbeiten. Jetzt hatte natürlich auch Mattle keine Lust mehr, Tricheln nach Küssnacht zu liefern. Schon zuvor hatte es immer wieder Probleme mit dem Zoll gegeben. 1970 etwa heisst es in einem Brief an Mattle: «Letztes Jahr mussten wir an verschiedene Zollposten fahren, bis man uns passieren liess und zudem nur mit allerlei Ausreden und Schwierigkeiten.»

Neben Bartenbach stellt auch die Trichelschmiede Steiner in Wynigen Tricheln her, die in Küssnacht verwendet werden. Die günstigeren und bei den Jungen beliebten Klopfen stammen aus dem Betrieb von Eligius Schelbert aus dem Muotatal. Besondere Raritäten sind die Tricheln, die in Küssnacht gefertigt wurden – beispielsweise in der Schlosserei Beeler.

Jürg Bartenbach schmiedet die zwei Hälften der Trichel in mehreren Phasen. Nur so erhält das Instrument am Ende den lang anhaltenden Klang.

Die Grundform für die beiden Seiten wird aus einem speziellen, in Österreich hergestellten Stahl geschnitten.

Nun werden die beiden Hälften verschweisst und im Innern noch zusätzlich gelötet, damit die Trichel hundertprozentig dicht ist. Im Bereich des Mauls darf nur noch genietet und gelötet werden, damit die Trichel flexibel bleibt.

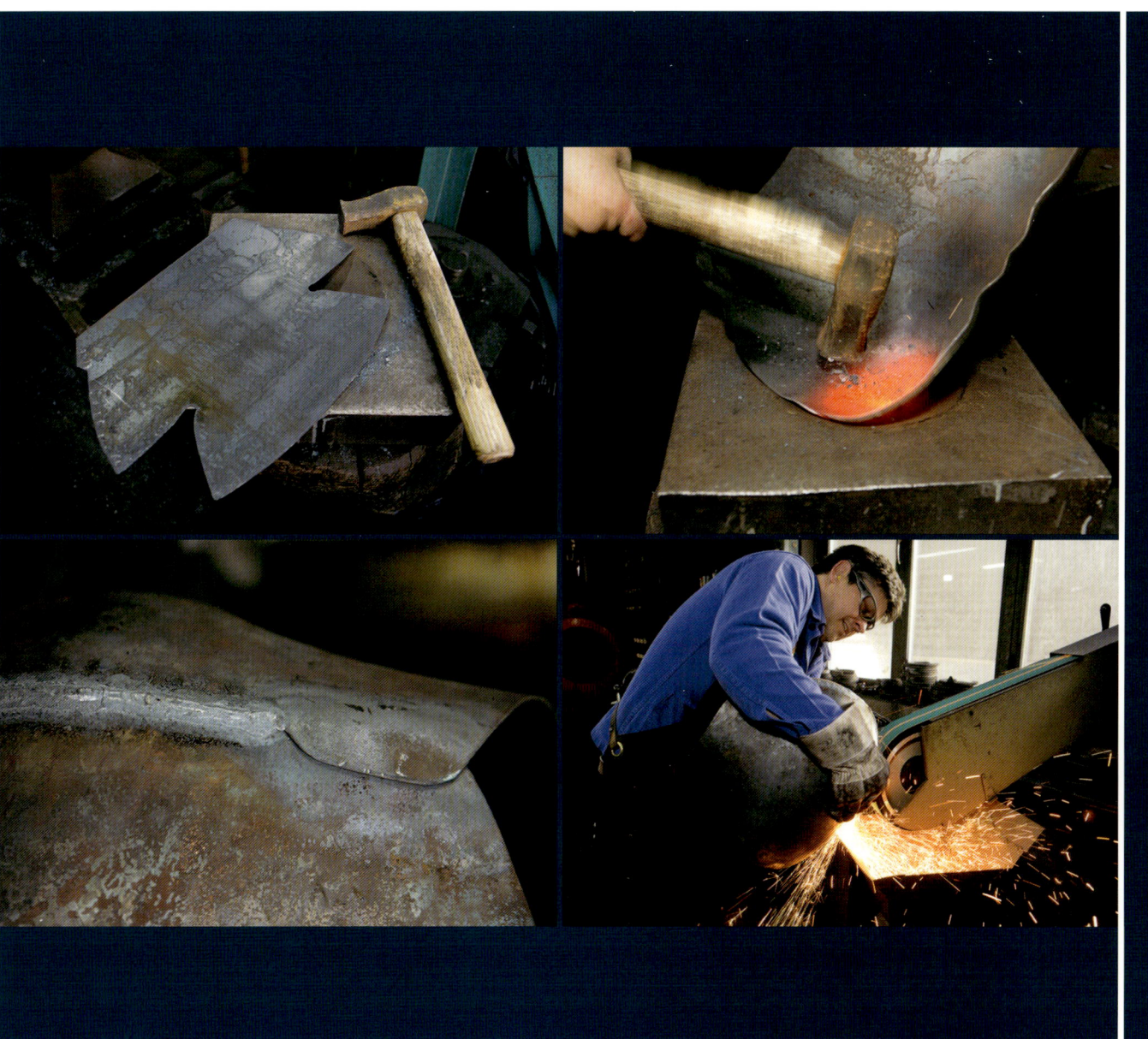

Die Hälften kommen während des Schmiedens mehrmals in die Presse. Allfällige Wellen, die dadurch entstehen, werden anschliessend wieder herausgeschmiedet.

Am Ende wird die Trichel noch geschliffen und mit Griff und Klöppel versehen. Die Oberfläche wird nun verzinkt, schwarz gestrichen und mit Schleifpapier behandelt. Damit werden die Bearbeitungsspuren wieder sichtbar.

Klopfen und Senten,
friedlich vereint vor einem
Restaurant.

1 Seit den fünfziger Jahren holte der Vorstand hochwertige Tricheln von Morier aus Morges nach Küssnacht.

2 Eine zweite Quelle war die Firma Mattle in Strengen im Tirol. Die Zusammenarbeit funktionierte aber nicht immer perfekt.

3 Eine Rarität sind Tricheln, die in Küssnacht gefertigt wurden, wie diese hier aus der Schlosserei Beeler, entstanden um 1960.

4 Die Firma Steiner in Wynigen ist heute eine der Herstellerinnen für Senten verschiedener Grössen.

5 Jürg Bartenbach (siehe Seiten 66/67) produziert hochwertige Tricheln, die auch von Küssnachtern gern gekauft werden.

6 Die Klopfen, die bei den Jungen immer beliebter werden, stammen in der Regel von der Glockenschmiede Schelbert im Muotatal.

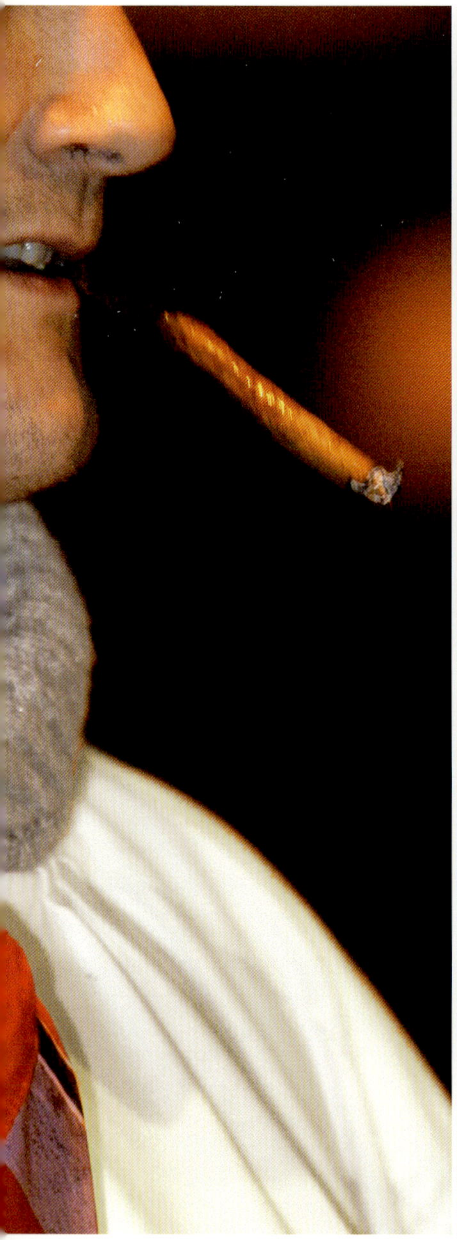

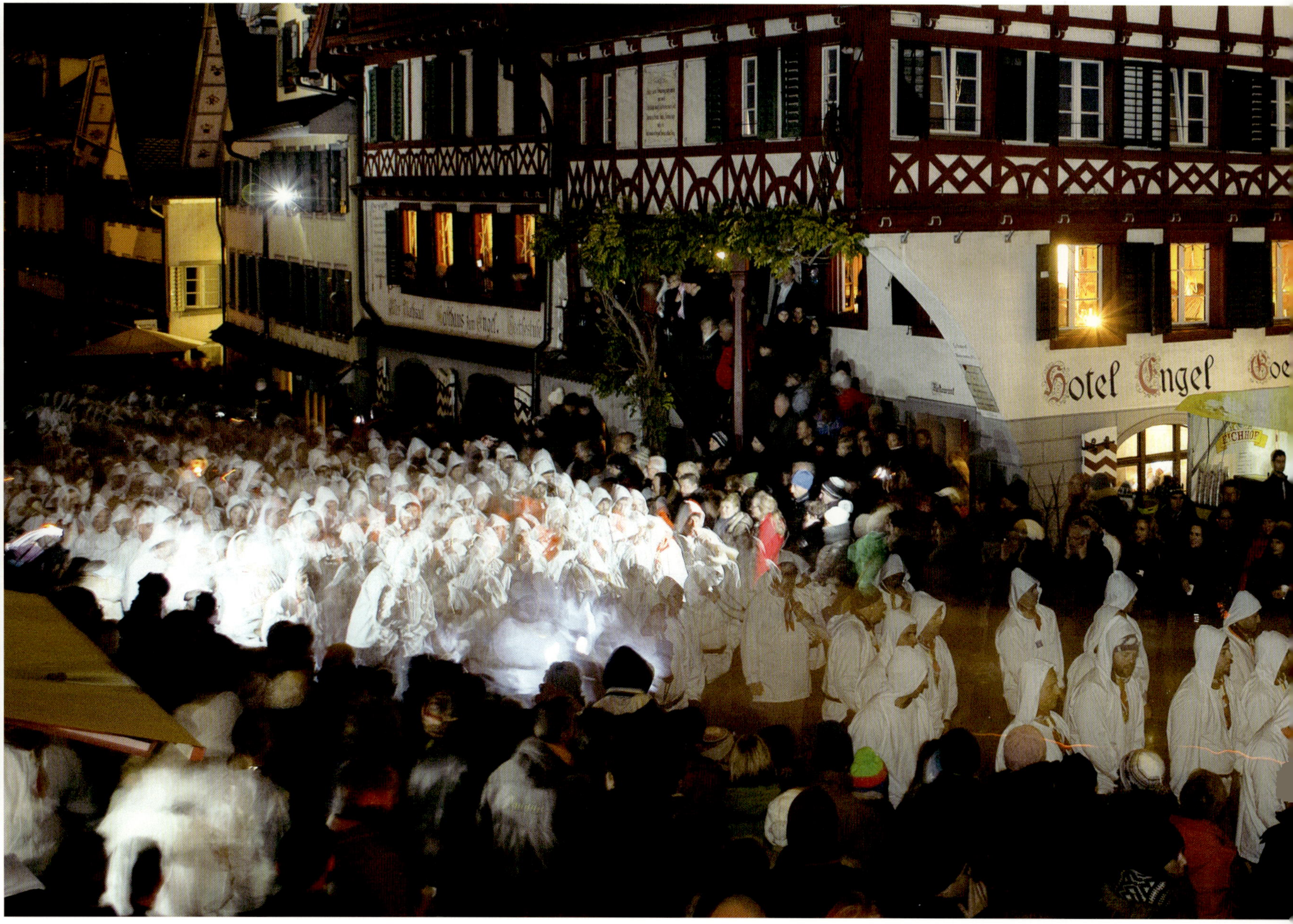
Hotel Engel

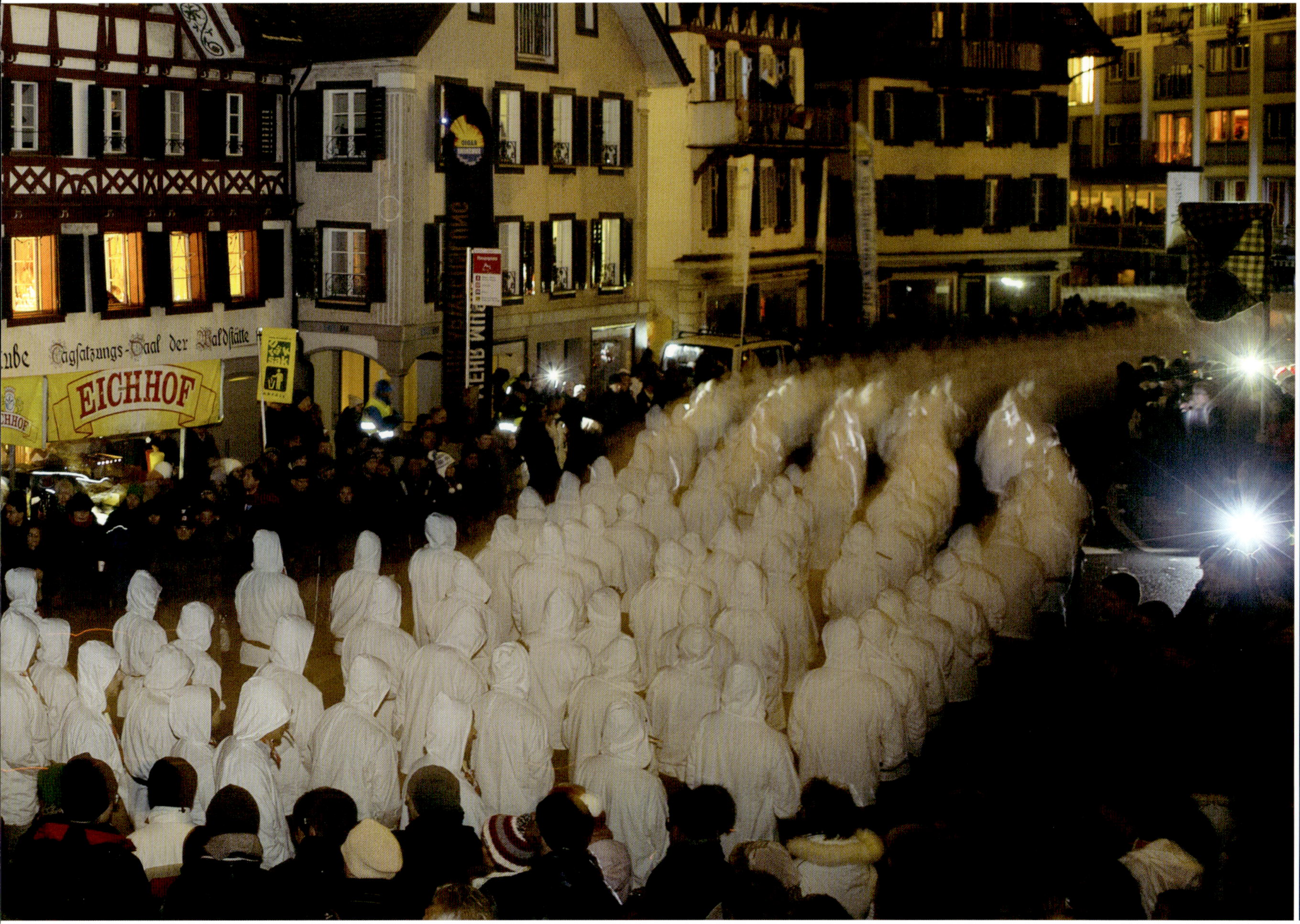
Tagsatzungs-Saal der Waldstätte
EICHHOF

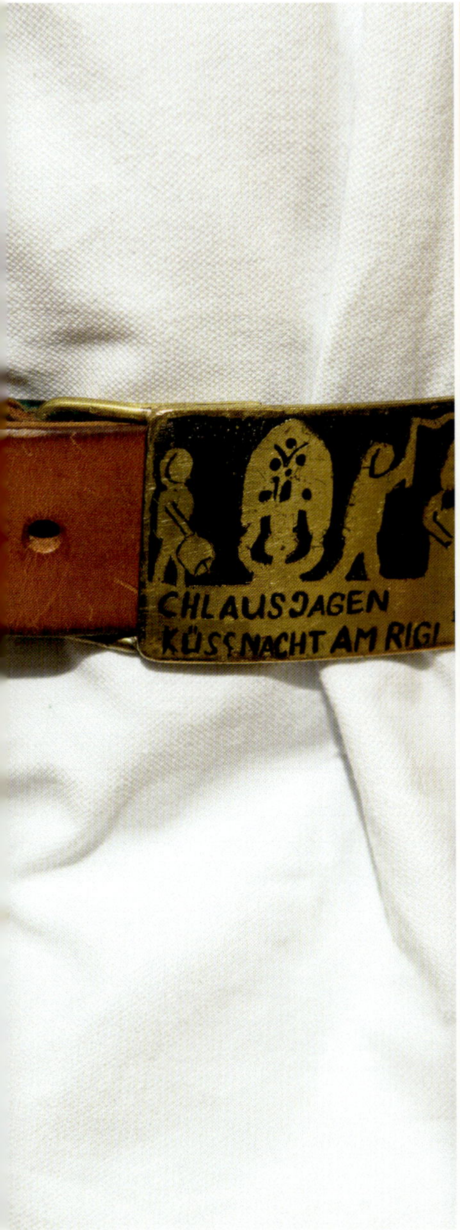
CHLAUSJAGEN
KÜSSNACHT AM RIGI

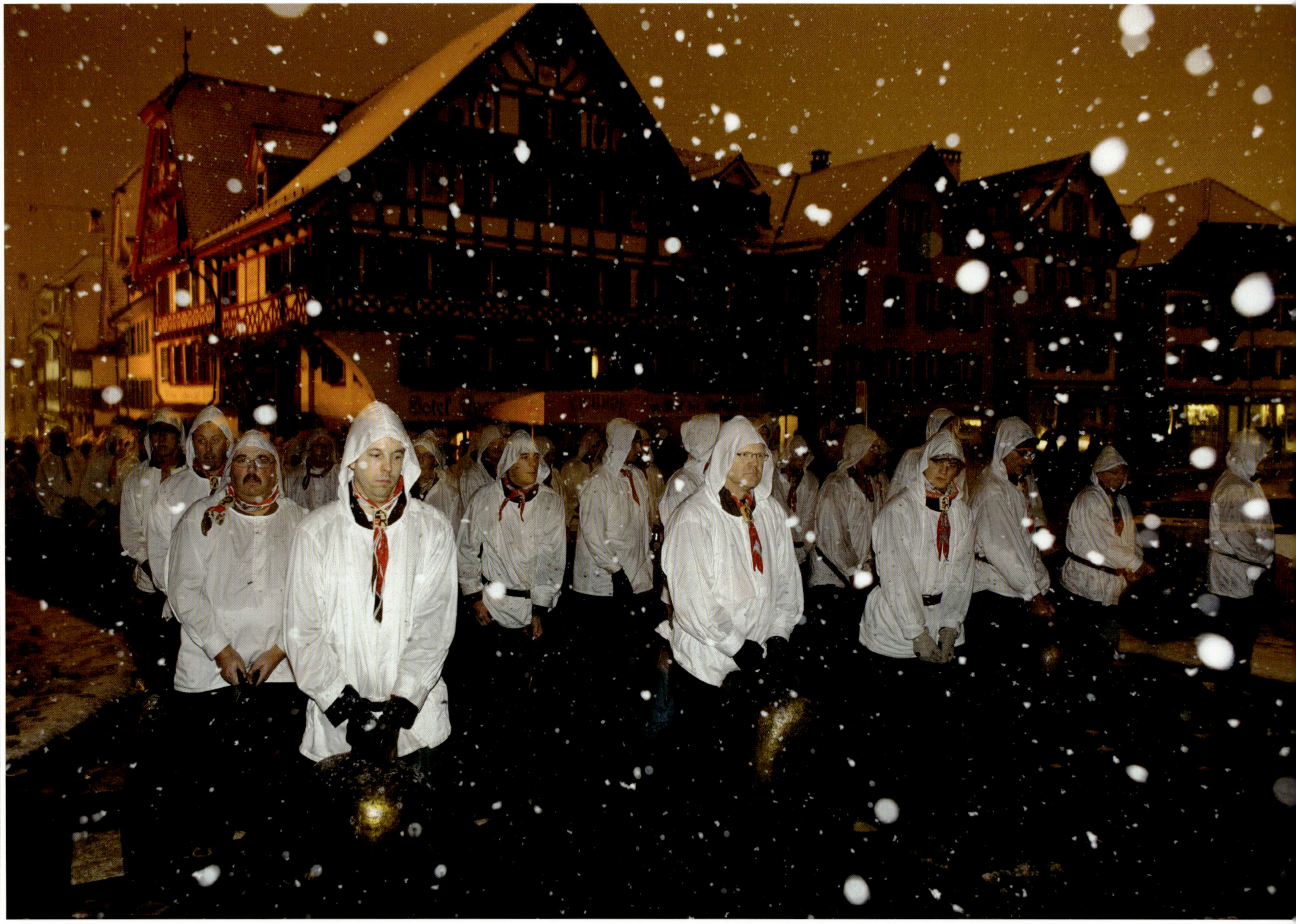

73

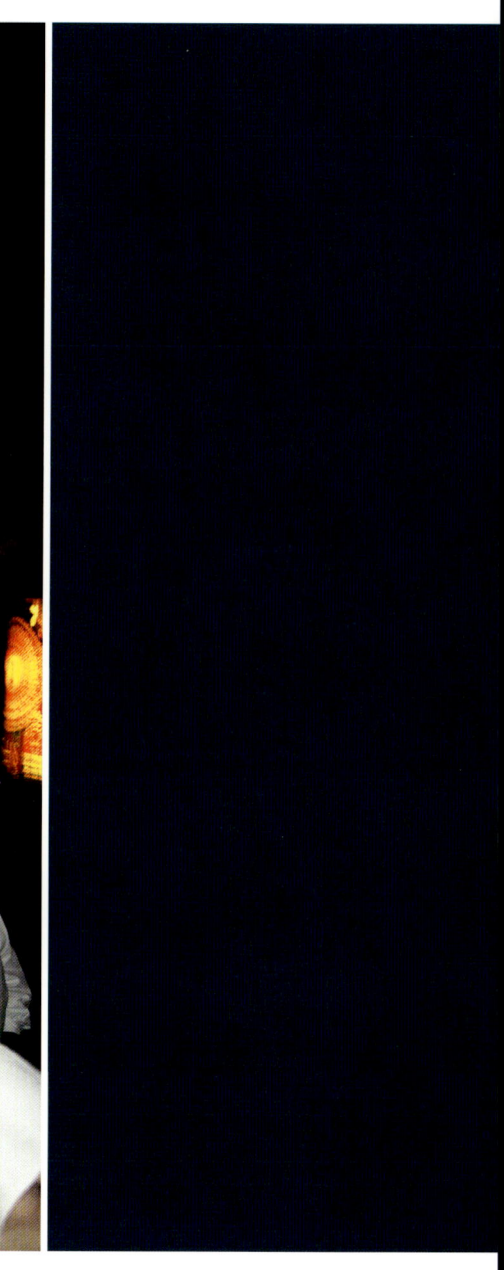

74

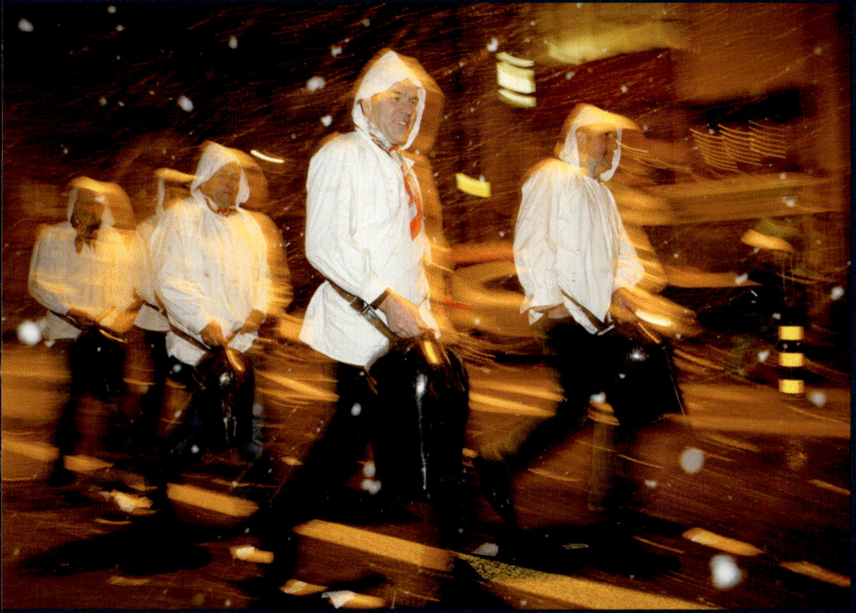

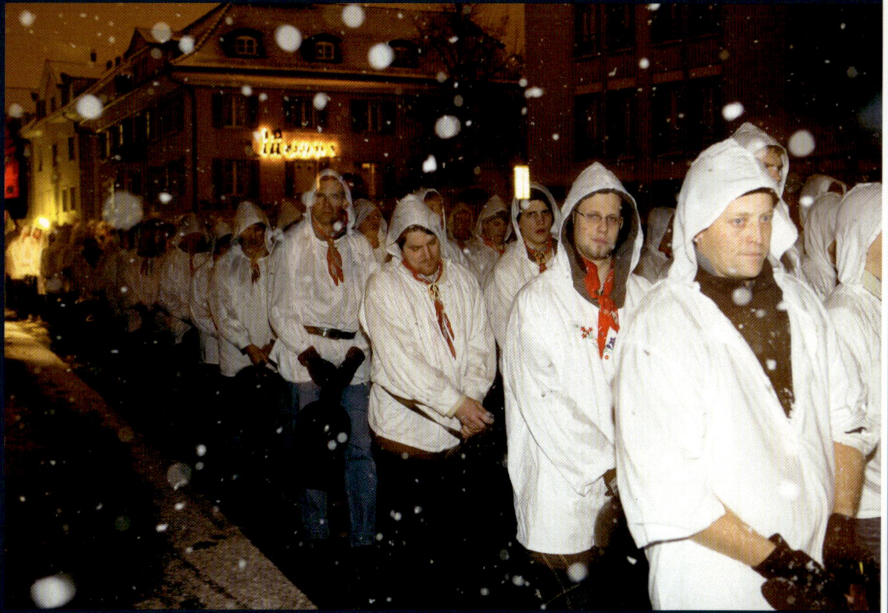

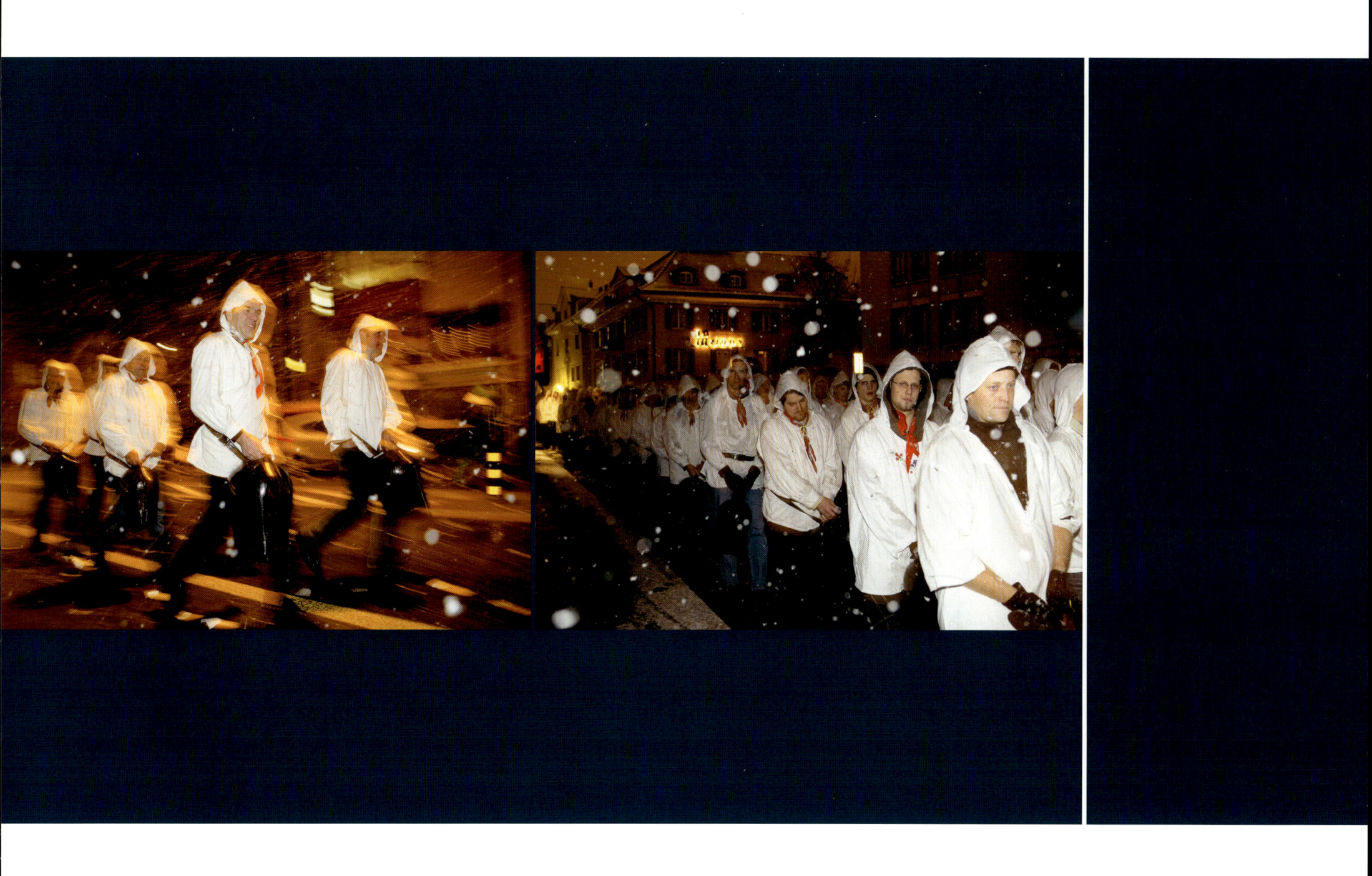

76

Mänz, Mänz, Mänz, Bodefridimänz

Ein Schüler hat 1912 die einfache Melodie ersonnen, die heute noch den Klausumzug prägt. Zehn Jahre später kam ein Text hinzu, der eigentlich eine trotzige Veräppelung der Behörden war. «Mänz, Mänz, Mänz, Bodefridimänz» zielte auf den damaligen Bezirksammann Klemenz Ulrich, der zu Beginn der zwanziger Jahre versucht hatte, das Klausjagen stark einzuschränken. Den Beinamen Bodefridi, der für immer mit dem Klausjagen verbunden bleibt, trug er wegen seines Vaters, Gottfried Ulrich im Boden.

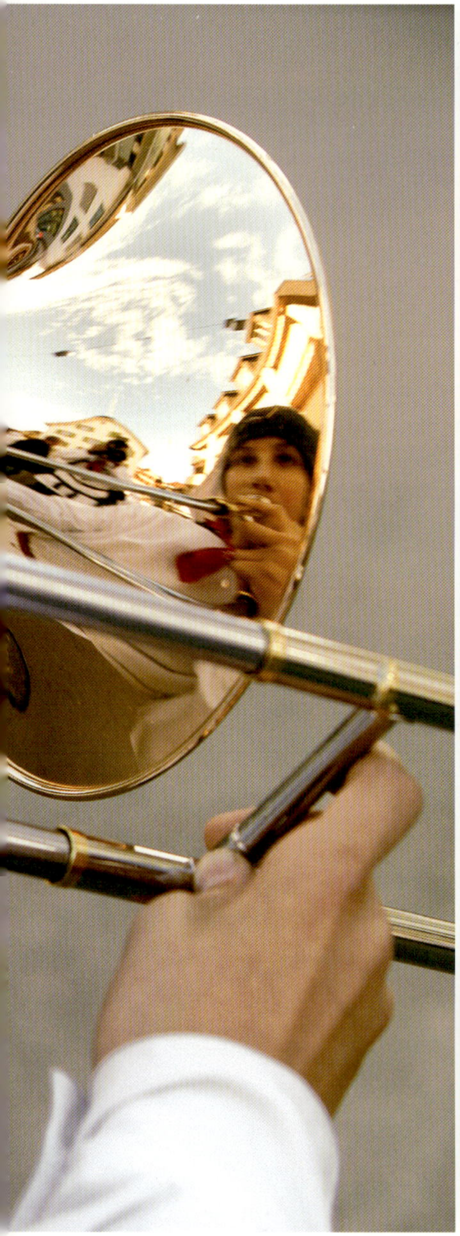

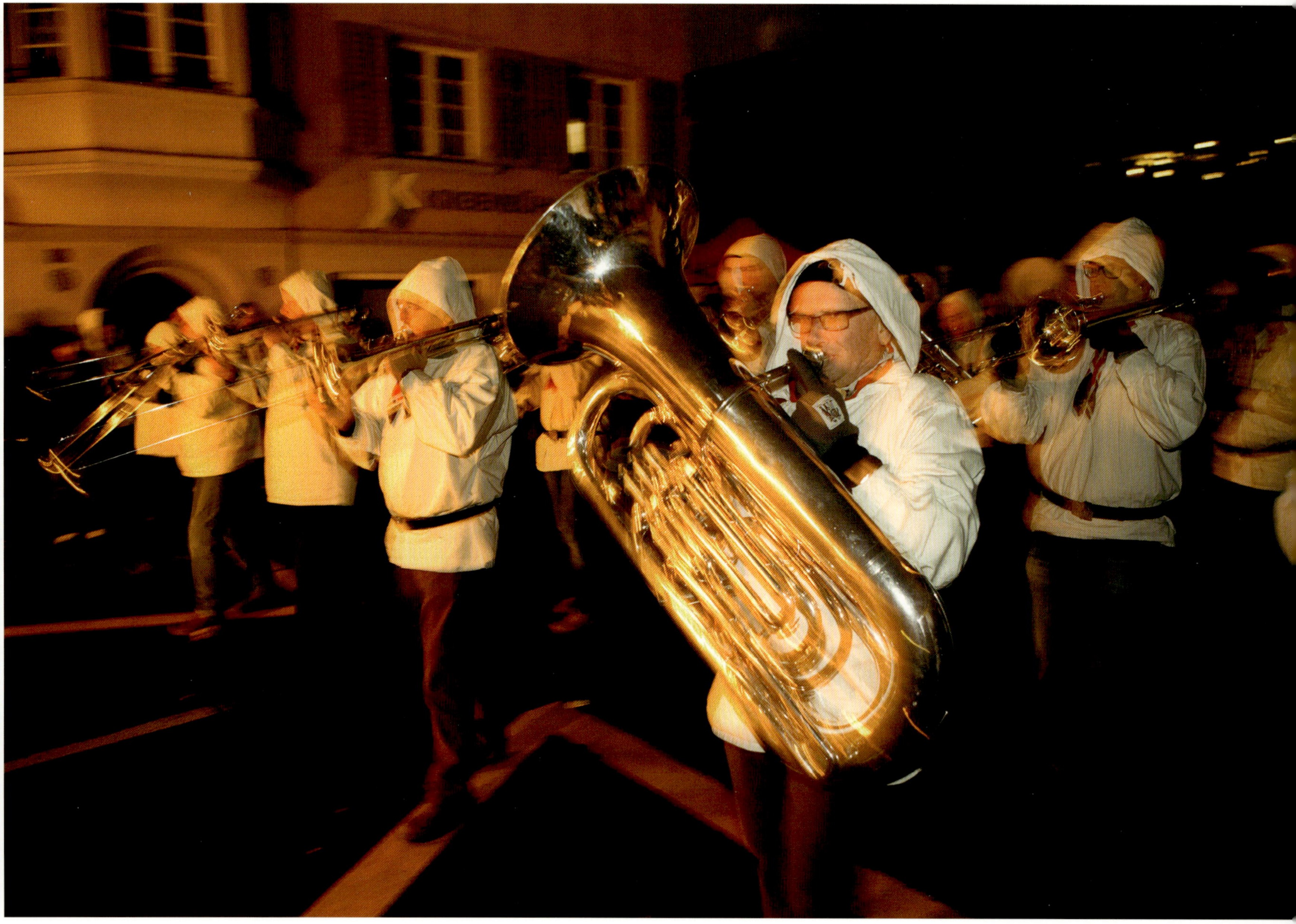

1959 schrieb der Dachdecker und Kaminfegermeister Josef Trutmann einen längeren Brief an die St. Niklausengesellschaft. Er bedankte sich darin höflich für die Ehrenmitgliedschaft und für den geschmiedeten Aschenbecher, der ihm aus diesem Anlass übergeben worden war. Ausserdem schilderte er, weil er so oft danach gefragt werde, wie eigentlich die Klausenmelodie an den Umzug kam. Tatsächlich sei er es gewesen, der diese einfache Dreiklangmelodie komponiert habe – «wenn man diesem Einfalle so sagen darf».

Als 14-Jähriger habe er mit dem Trompetenspiel begonnen und überlegt, dass er das Leihinstrument ja auch ans Klausjagen mitnehmen könnte. Am Kinderumzug 1912 fand die viel beachtete Premiere statt, und schon im folgenden Jahr machten es ihm andere Knaben nach, und selbst die Erwachsenen «fanden Gefallen daran», wie Trutmann schreibt.

Wer etwa zehn Jahre später den Bodefridimänz-Text dazu ersann, weiss man nicht. Tatsache aber ist, dass Klemenz Ulrich von 1920 bis 1924 Bezirksammann und damit auch zuständig fürs Polizeiwesen war. Es gibt zwar keinerlei Hinweise dafür, dass er das Klausjagen ganz verbieten wollte, wie das gern erzählt wird. Er erliess aber Aufrufe, die es deutlich einschränken sollten.

Nur noch bestimmte Instrumente waren erlaubt, und das Klausjagen sollte auf einen Tag (ohne die Nacht dazu) beschränkt werden. Alles andere werde als nächtliche Ruhestörung geahndet, liess Bodefridimänz 1921 mitteilen. Natürlich hielten sich die trotzigen Klausjäger nicht daran und verhöhnten zusätzlich den gestrengen Bezirksammann. Wie er darauf reagierte, ist leider nicht überliefert.

Schon sehr viel länger wurden die Hörner am Klausjagen verwendet. Sie werden in den ersten Klagen der Behörden ebenso erwähnt wie in den frühen volkskundlichen Beschreibungen der wilden Züge. Die Hornbläser müssen sich zwar ab und zu anhören, dass sie ja nur deshalb mit dem Horn an den Umzug gingen, weil ihnen die Trichel zu schwer sei. Mit ihrem dumpfen, klagenden Ton steuern sie aber ein wesentliches Element zum Küssnachter Klausjagen bei.

Küssnachts Wirtschaftsgeschichte und das Dorfbild wurden über 120 Jahre lang geprägt von der Glashütte. Der Betrieb bestand von 1851 bis 1972; 260 Personen fanden dort zuletzt eine Beschäftigung. Die in der Glashütte hergestellten Glashörner konnten sich allerdings nie durchsetzen und wurden schliesslich wegen der Unfallgefahr sogar verboten.

Stattdessen bemühte sich die St. Niklausengesellschaft gelegentlich aktiv darum, dass die richtigen Hörner verwendet wurden. Im Protokoll einer Vorstandssitzung vom November 1949 etwa wurde über den Kauf neuer Hörner berichtet. Man habe diese vom Schlachthof Zürich für 1 Franken erstanden, dann in den Werkstätten des Herrn Flüeler zur Seeburg «sauber geschliffen und poliert und mit einem passenden Mundstück und Musikstimme versehen». Schliesslich wurden die Hörner für 17 Franken an interessierte Klausjäger weiterverkauft. Für die übergrossen, geschwungenen Hörner, die am Umzug zu sehen sind, mussten sogar afrikanische Ochsen ihr Leben lassen.

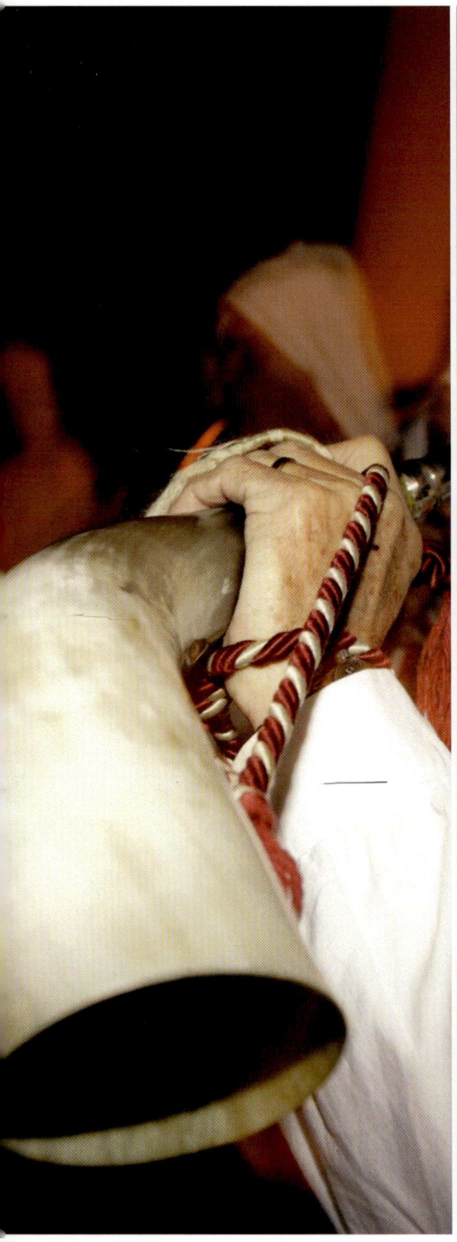

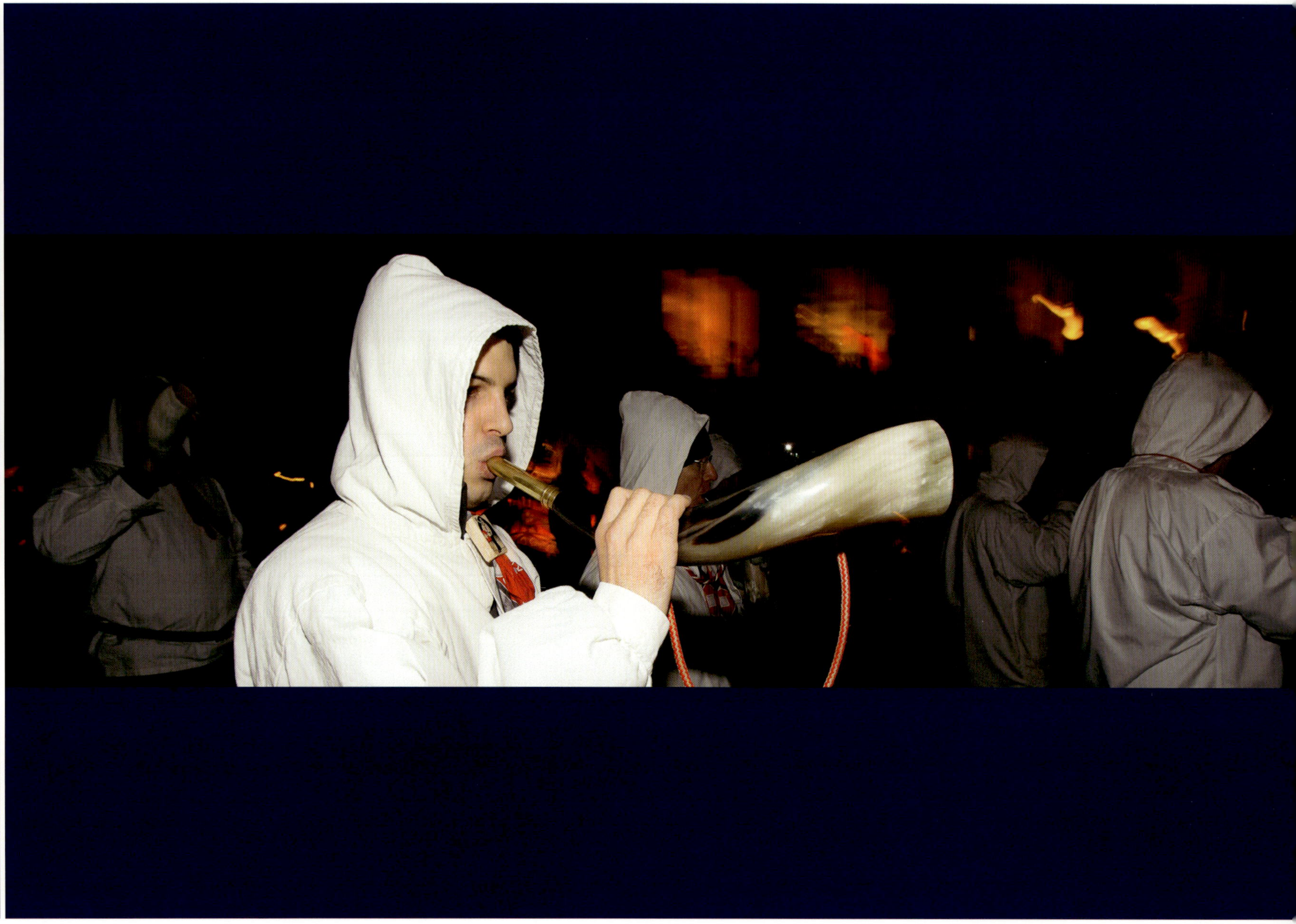

81

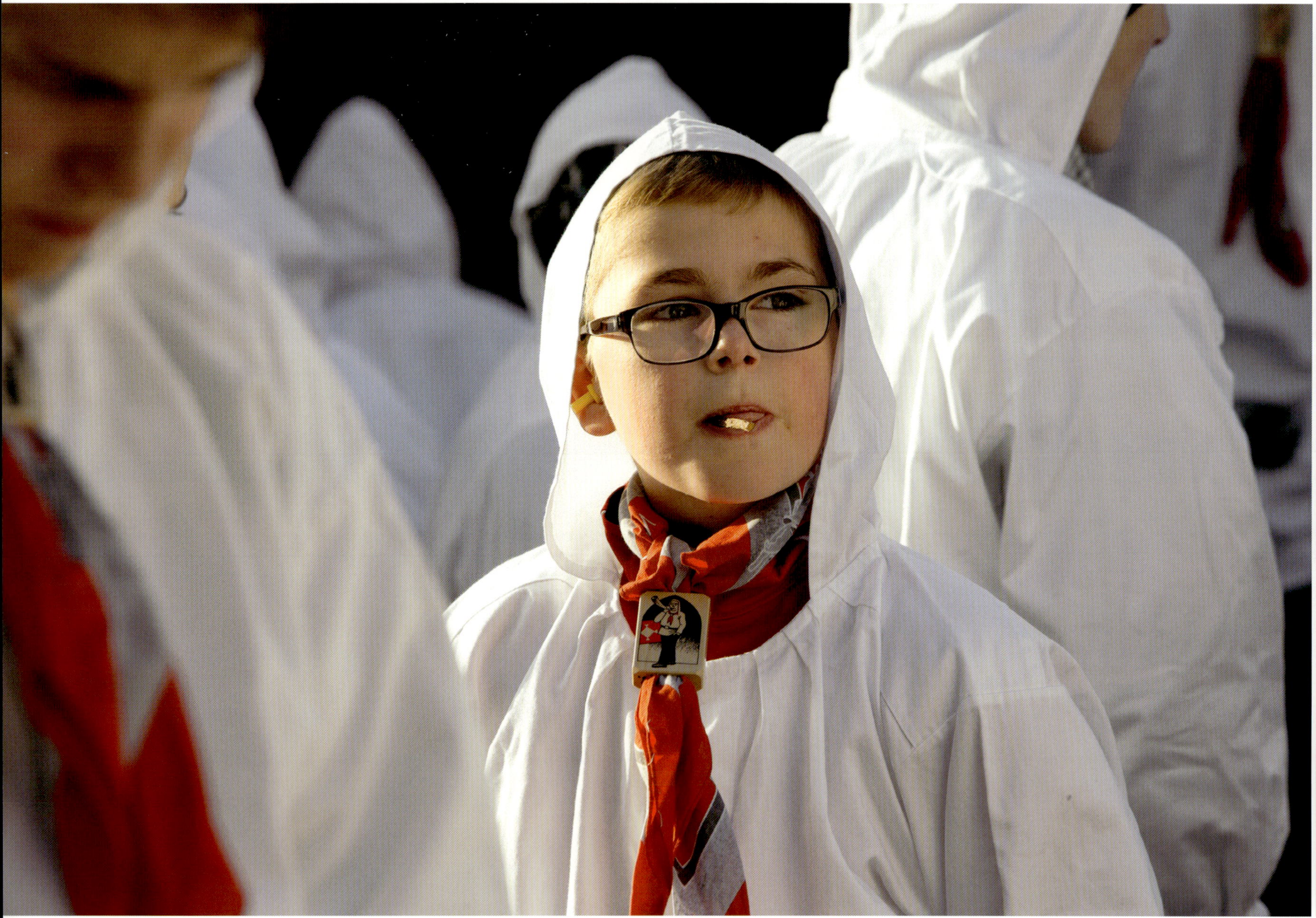

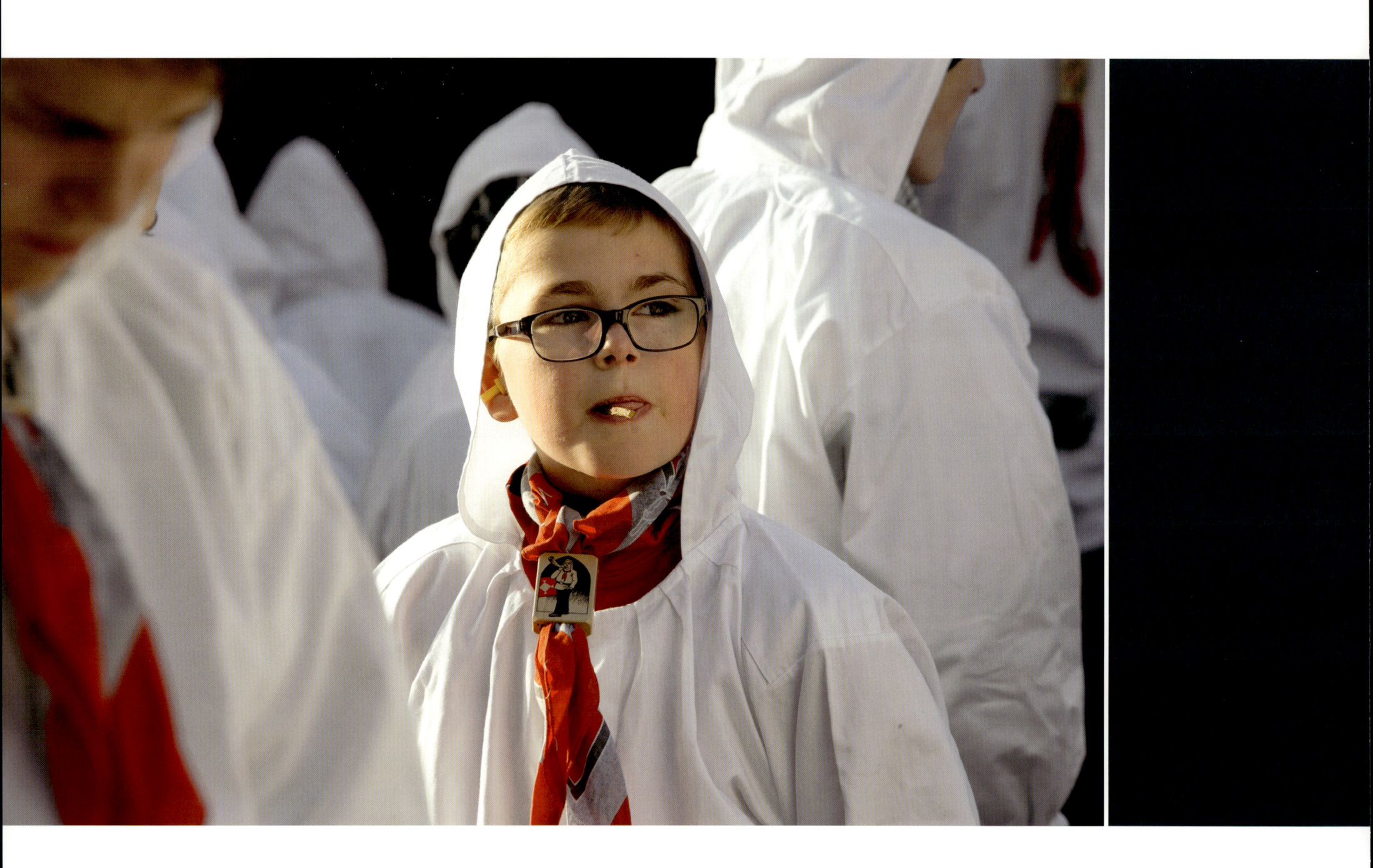

Fast wie die Grossen

Nachwuchssorgen muss sich die St. Niklausengesellschaft nicht machen. Wochen im Voraus hört man, wie sich die Schüler im Geisselklepfen üben. An den letzten beiden Tagen wecken sie dann frühmorgens das Dorf mit Tricheln und Hörnern. Und am Klaustagnachmittag schliesslich findet traditionsgemäss der Kinderumzug statt, an dem sich nicht nur Schüler aller Altersklassen beteiligen, sondern auch Dreikäsehochs in Begleitung von Vater oder Mutter.

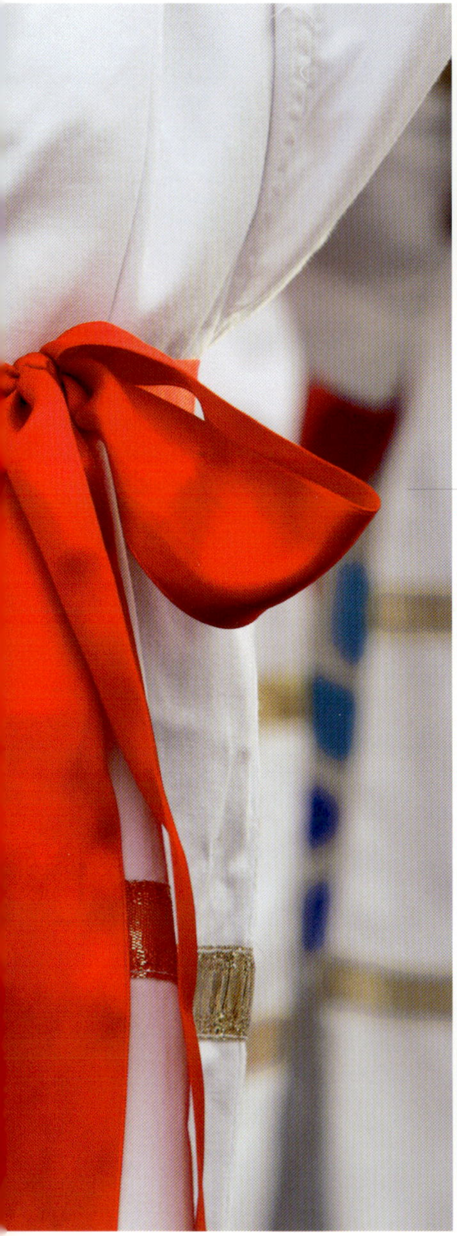

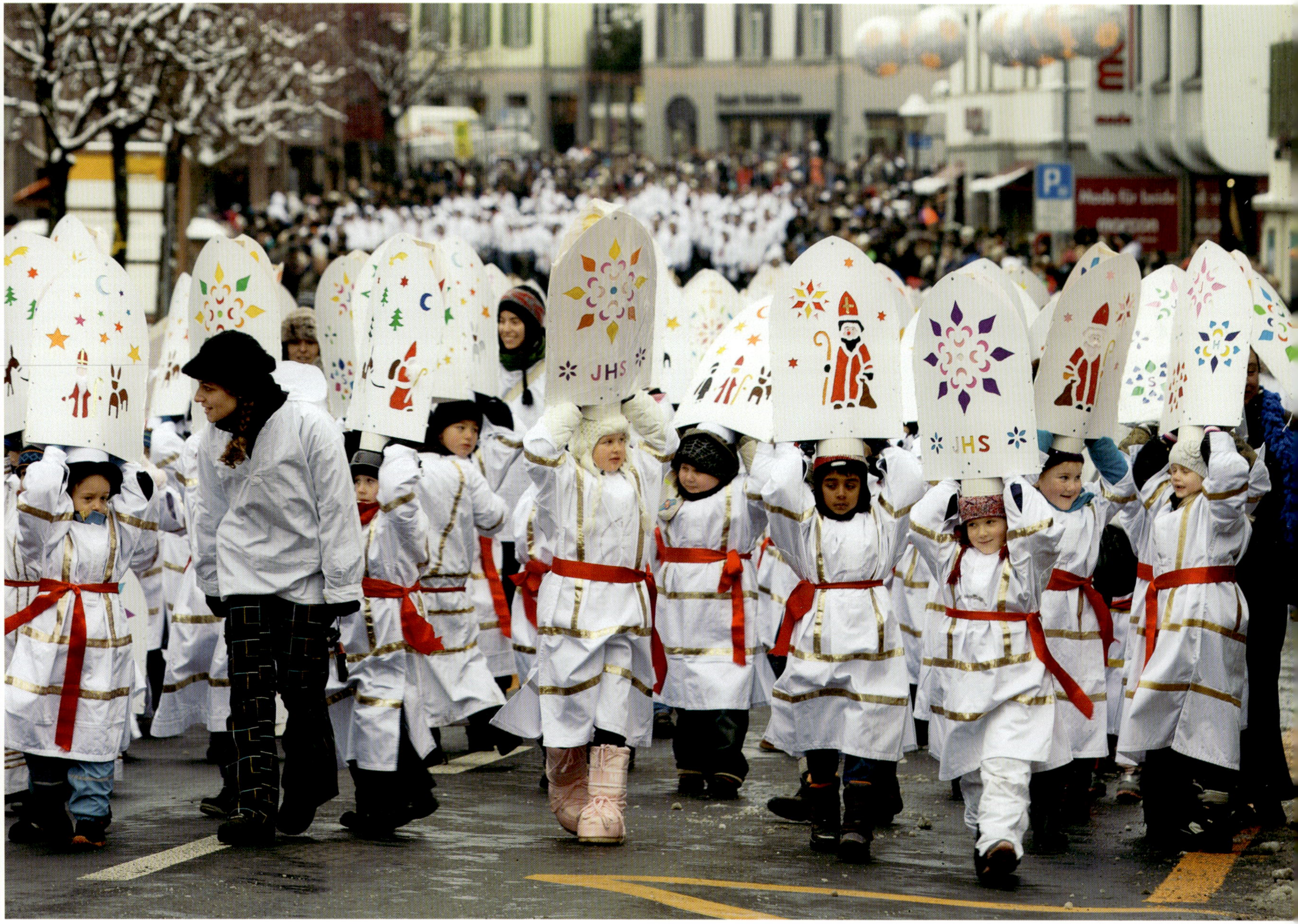
JHS
JHS

Ernst und grimmig blicken können sie schon wie die Grossen, die älteren Schüler, die den Kinderumzug mit ihren Klopfen eröffnen. Einige haben ein Stück Süssholz im Mund, das an die «Krumme» erinnern soll, die der Vater vielleicht am Abend während des Umzugs raucht. Die kleinen Schritte, die sie machen, und das rasche Tempo, das sie anschlagen, hat früher noch für Proteste bei älteren Klausjägern gesorgt. 1980 etwa vermerkte der Klausenschreiber in seinem Protokoll, dass einige Sek-Schüler beim Kinderumzug den Schritt angaben, «einen Schritt, der nicht geduldet werden kann und wieder verschwinden muss». Tatsächlich hat sich das neue Tempo aber allmählich durchgesetzt.

Der Kinderumzug hat eine fast ebenso lange Tradition wie jener der Erwachsenen. 1934, also ein Jahr nach der offiziellen Gründung der St. Niklausengesellschaft, wurde erstmals über den Schülerumzug berichtet. Auch das Znüni nach getaner «Arbeit» wurde in den Protokollen schon erwähnt – wenn auch in etwas geschraubter Sprache: «Nach allseitiger Aussprache wurde beschlossen, den Knaben der höheren Klassen unter Zuhilfenahme der titulierten Lehrerschaft Wurst und Brot zu verabfolgen.» Im nächsten Jahr gab es dann wegen des knappen Kassenbestands nichts mehr. Nach dem Zweiten Weltkrieg ging man zum immer noch geltenden System über, das Znüni der Kinder durch Sponsoren bezahlen zu lassen.

Zu den grossen Förderern des Schülerklausjagens gehörte Friedrich Donauer, der unter anderem Landschreiber, Schulpräsident, Erziehungsrat, Schriftsteller und über zwanzig Jahre lang auch Kantonsrat war. Donauer war ein engagierter Verfechter des Klausjagens, versuchte aber auch, Ausschreitungen und Übertreibungen zu unterbinden. Zu diesem Zweck instruierte er alljährlich die Knaben im Dorfhaldeschulhaus. Donauer war es übrigens auch, der sich für die Rettung der Gesslerburg und den Rückbau der Hohlen Gasse in ihren früheren Zustand starkmachte.

Natürlich kam es trotz – oder vielleicht gerade wegen – der Einschränkungen auch immer wieder zu Klagen über das Klausjagen der Schüler. 1956 etwa hiess es im Protokoll der St. Niklausengesellschaft: «Ein Schreiben des Schulpräsidenten wird verlesen. Er verpönt das zu frühe Klausjagen.» Man will das Problem mit den Lehrern besprechen und für Ordnung sorgen. In manchen Jahren dürfen die Schüler zwei Tage im Voraus klausjagen, in anderen sind wieder drei Tage erlaubt.

Zu grösseren Problemen kommt es wieder in den achtziger Jahren. Zum Teil gehen die Schüler gar nicht ins Bett und machen durch, es wird frühmorgens Alkohol getrunken, und immer wieder sind auch Mädchen in den Klausjägergruppen anzutreffen. Nun geht der Vorstand in die Offensive: In den Nächten vor dem Klaustag schickt die St. Niklausengesellschaft eine eigentliche «Klausenpolizei» durch die Gassen, um weitere Auswüchse zu verhindern. Zudem spricht der Vorstand in den Schulen vor und macht – wie seinerzeit Friedrich Donauer – auf die Regeln aufmerksam. Vor allem die älteren Mädchen, von denen sich einige als eifrige Klausjägerinnen entpuppt hatten, hören mit grossem Bedauern, dass sie nicht mehr erwünscht sind. Heute machen die älteren Schüler bei der Organisation des Schülerklausjagens aktiv mit – was sich als gute Lösung entpuppt hat.

86

87

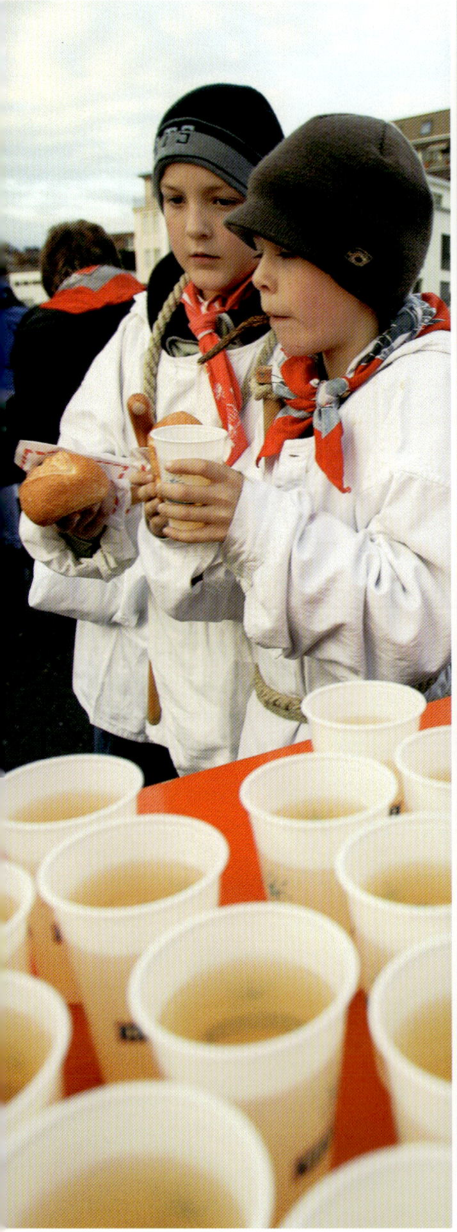

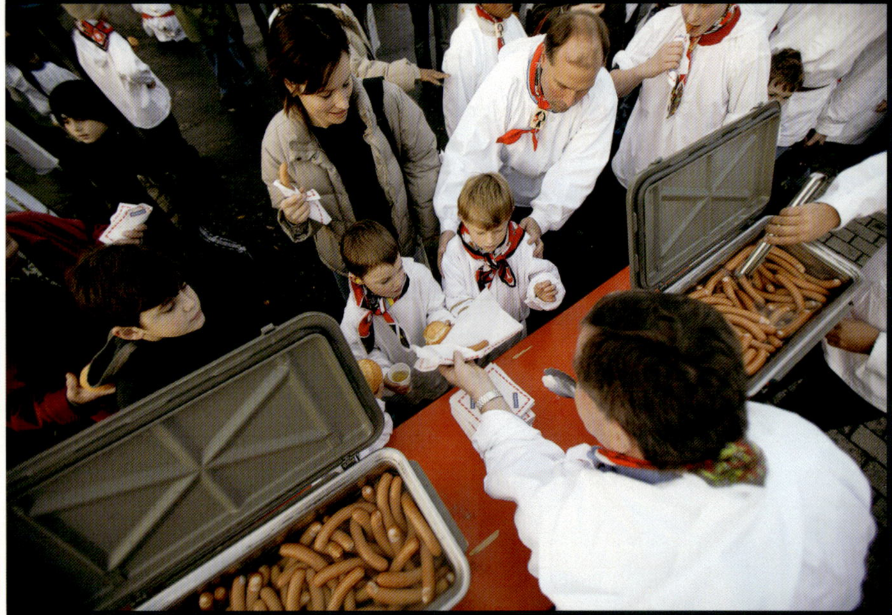

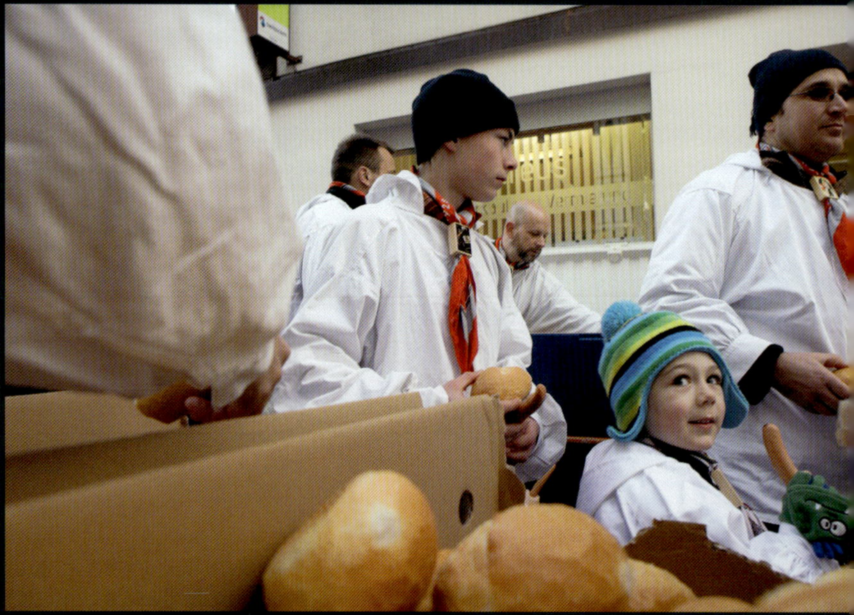

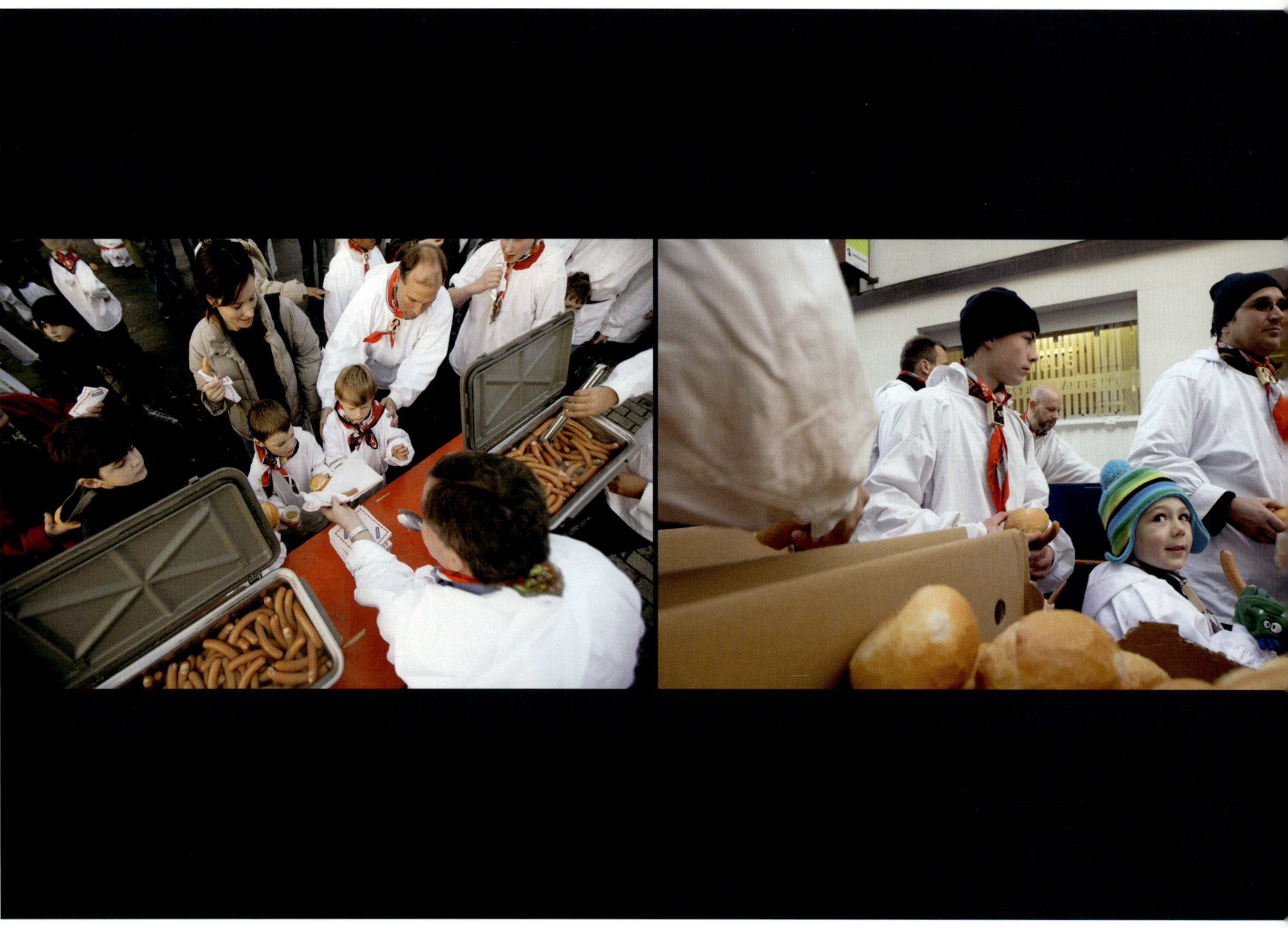

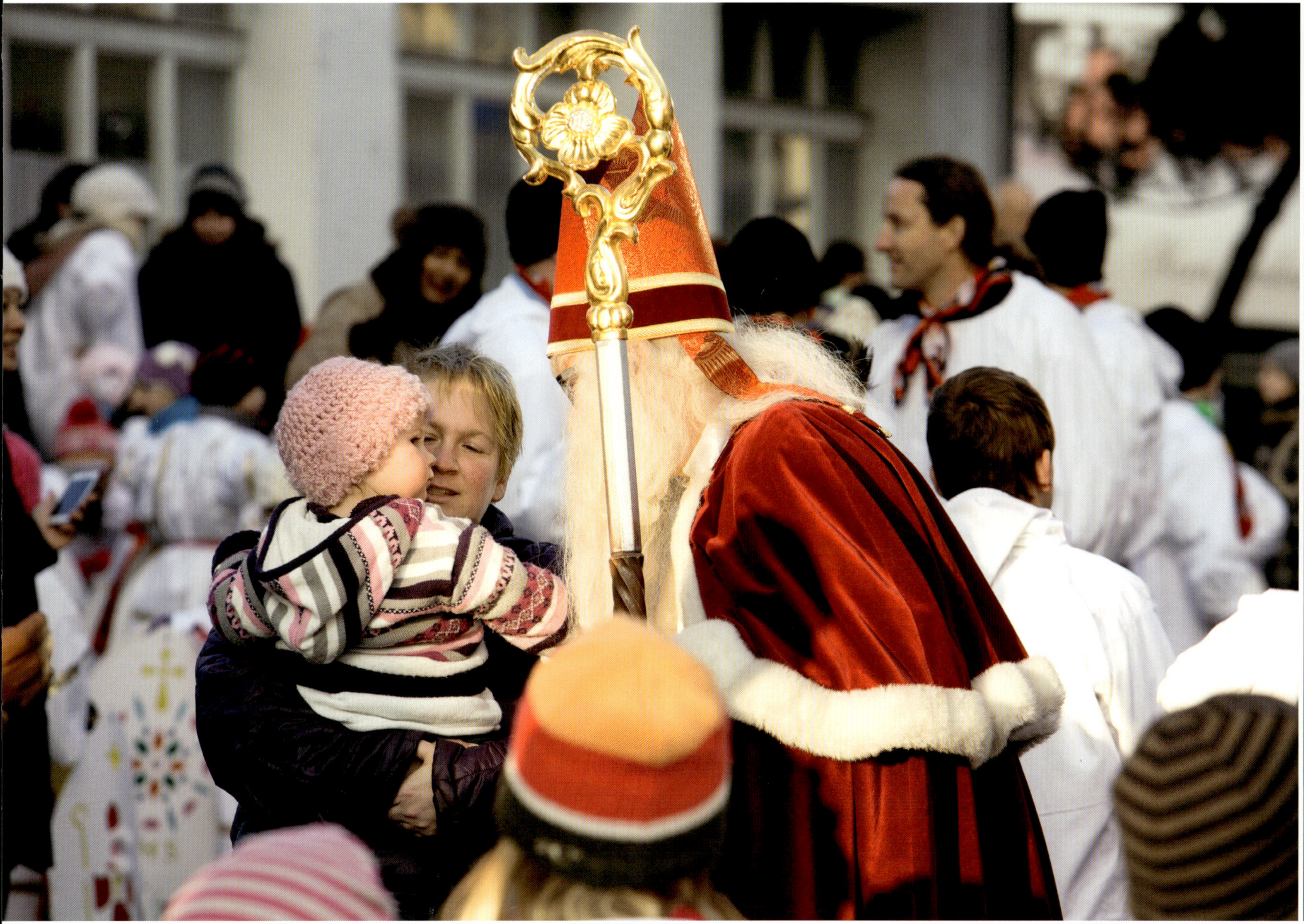

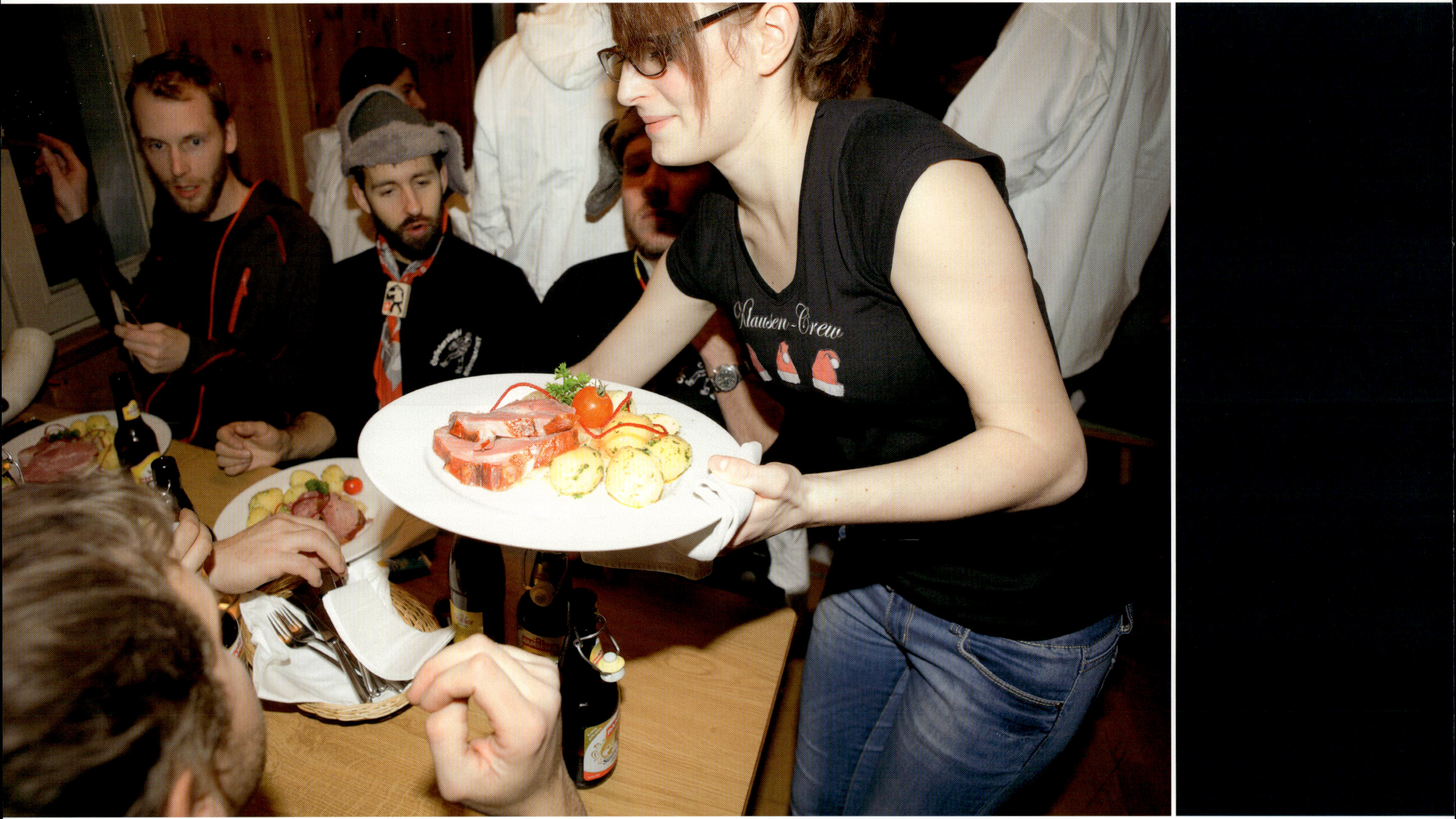
Klausen-Crew

Rippli und Chruut

Für viele eingefleischte Küssnachter beginnt das Klausjagen erst nach dem grossen Umzug so richtig. Dann geht es in den kleinen Zügli durch die Gassen und Beizen bis am Morgen früh – ein bisschen so, wie es vor der Gründung der St. Niklausengesellschaft gewesen sein dürfte. Krönender Abschluss ist das Sächsiumzügli, das, wie es der Name sagt, um 6 Uhr morgens beginnt und um 7 Uhr endet. Danach dürfen auch die Klausjäger nach Hause und die wohlverdiente Ruhe geniessen – und natürlich von nichts anderem träumen als vom Klaustag des kommenden Jahres.

Das traditionelle Essen der Klausjäger, das «Znüni», das sie mit dem entsprechenden Bon bekommen,
ist «Rippli und Chruut», also Schweinerippchen mit Sauerkraut. Das war aber nicht immer so.
Vor etwa hundert Jahren bestand das traditionelle Klausenmenu aus Fisch. So liest man etwa in einem
Bericht von 1910 in der Lokalzeitung, dass auch in diesem Jahr der «Unsitte» des Klausjagens
gehuldigt wurde. «Jener Sitte, an diesem Abend an fein präparierten Röteln sich zu laben, würden
wir den Vorzug geben, und wir hoffen, dass sie recht wohl geschmeckt haben.»

Noch 1932 empfahl der «Adler»-Wirt in Inseraten für den Klausabend das traditionelle Balchen-Essen.
Nochmals zehn Jahre später wurde an der Generalversammlung der St. Niklausengesellschaft
darüber diskutiert, ob man den Preis für das Znüni von 1 Franken auf 1.50 Franken erhöhen solle. Die Gegner
argumentierten, ärmere Klausjäger könnten sich dann allerdings am Klaustag gar kein Essen mehr
leisten. Das Znüni bestand damals aus Schüblig mit Kraut und einem Most. Den heutigen Znüni-Bon erhält
man, wenn man den Jahresbeitrag bezahlt. Einlösen kann man ihn in zuvor bezeichneten Restaurants.

Zum Küssnachter Klausjagen zieht es jeweils nicht nur die Männer aus dem Dorf, sondern auch Heimwehküssnachter aus nah und fern. Für viele ist es so etwas wie die grösste Klassenzusammenkunft überhaupt. Wenigstens für einen Abend gibt es keine Unterschiede zwischen Alt und Jung, Reich und Arm. Alle sind per Du in dieser Nacht. Und wer am Klaustag weitab der Schweiz irgendwo im Ausland ist, ruft zumindest an, um via Telefon die vertrauten Klänge des Umzugs miterleben zu können.

Das Dorf Küssnacht besitze fünfzig Restaurants, sagte man früher immer – nicht ohne ein wenig bedauernd nachzuschieben, dass Einsiedeln allerdings etwa achtzig habe und damit klare Nummer eins sei im Kanton Schwyz. Küssnacht hatte den Rigitourismus und Volksfeste in grosser Zahl, die Einsiedler hatten schon immer einen regen Pilgertourismus. Der langjährige Küssnachter Landschreiber und Lokalhistoriker Franz Wyrsch sagte einmal: «Küssnacht hat das Klausjagen, Einsiedeln hat die Muttergottes.»

In den letzten Jahren und Jahrzehnten nahm die Zahl der Restaurants allerdings ab. Der «Lindenhof» ist verschwunden, die «Alte Post», der «Rigiblick», das «Hörnli», der «Hecht», die «Krone», der «Raben» und andere. Früher wusste man, welches Haus katholisch-konservativ und welches liberal war. Der Konservative verkehrte im «Adler», aber nicht im «Seehof» oder im «Hirschen». Heute gilt das längst nicht mehr. Man ist froh, dass es noch einige gutbürgerliche Lokale gibt, die am Klaustag das traditionelle Znüni abgeben. Es gibt auch noch einige urchig-originale Lokale, die man sich vom Klaustag nicht wegdenken kann – das «Winkelried» etwa, das alle nur «Winkel» nennen, oder den «Hürtel», der früher an der Hürtelstrasse lag, seit der Umbenennung sich nun aber recht passend an der Chlausjägergasse befindet.

Dort liegt auch der «Widder», in dessen Saal früher Kultur- und Kinderfilme gezeigt wurden, wo sich nun aber die Klausjäger nach Mitternacht treffen, um zu überprüfen, ob die Geisselklepfer ihre Kunstfertigkeit auch auf den Tischen und unter zunehmendem Alkoholeinfluss vorführen können. Natürlich können sie es – auch wenn bei den Präsentationen jeweils die eine oder andere Glühbirne an den grossen Leuchtern ihren Geist aufgibt. Der Wirt hat längst aufgehört, gegen diese unorthodoxen Auftritte einzuschreiten.

Küssnacht hat sich in den letzten Jahren enorm verändert: Aus dem Dorf mit Glashütte, Weichkäse- und Kalenderfabrik ist ein Pendlerort geworden. 8833 Einwohner zählt allein das Dorf Küssnacht, im Bezirk leben heute 12 484 Menschen. Man kennt nicht mehr alle wie früher. Im «Widder»-Saal sitzen gegen Morgen drei Generationen zusammen. Die Alten versuchen, das Dorf neu zu vermessen, kennen aber die Jungen kaum mehr. «Ist das nicht ein Ulrich?», fragt einer. «Könnte sein. So dem Model nach», sagt der andere, wenn er im Jungen die Gesichtszüge von Vater oder Grossvater zu erkennen glaubt. Natürlich wird auch politisiert, zum Beispiel über den Abbruch alter Häuser an der Rigigasse. Der Schweizer Heimatschutz wehrt sich dagegen, doch die Küssnachter rücken enger zusammen, wenn Druck von aussen kommt. Das war schon damals so, als sich sogar ein Bundesrat dagegen aussprach, die Säulen in der alten Kirche mitsamt der ganzen Halle abzubrechen. Man wollte nicht hören und hat auch 1963, wie schon 250 Jahre zuvor, die alte Kirche fast «gänzlich geschlissen».

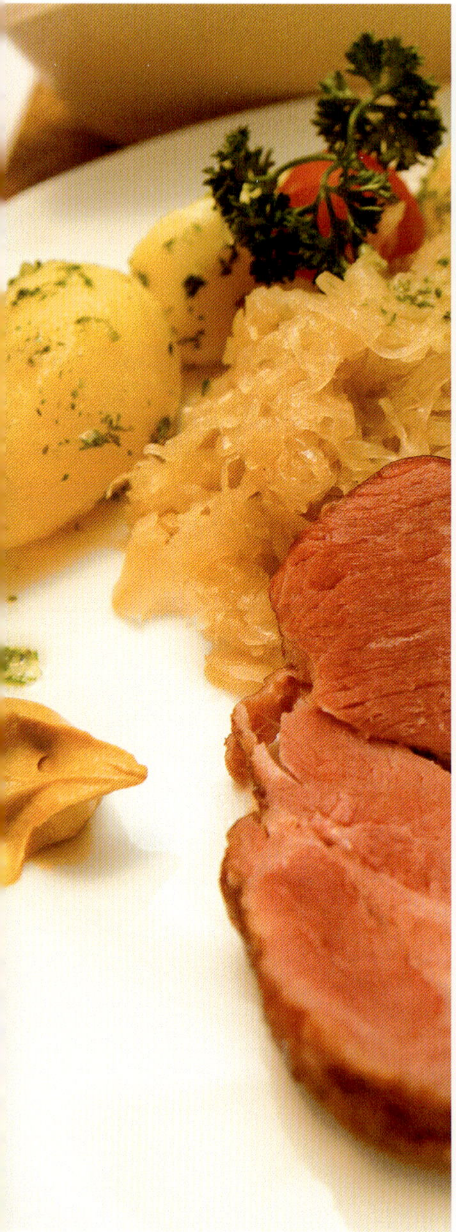

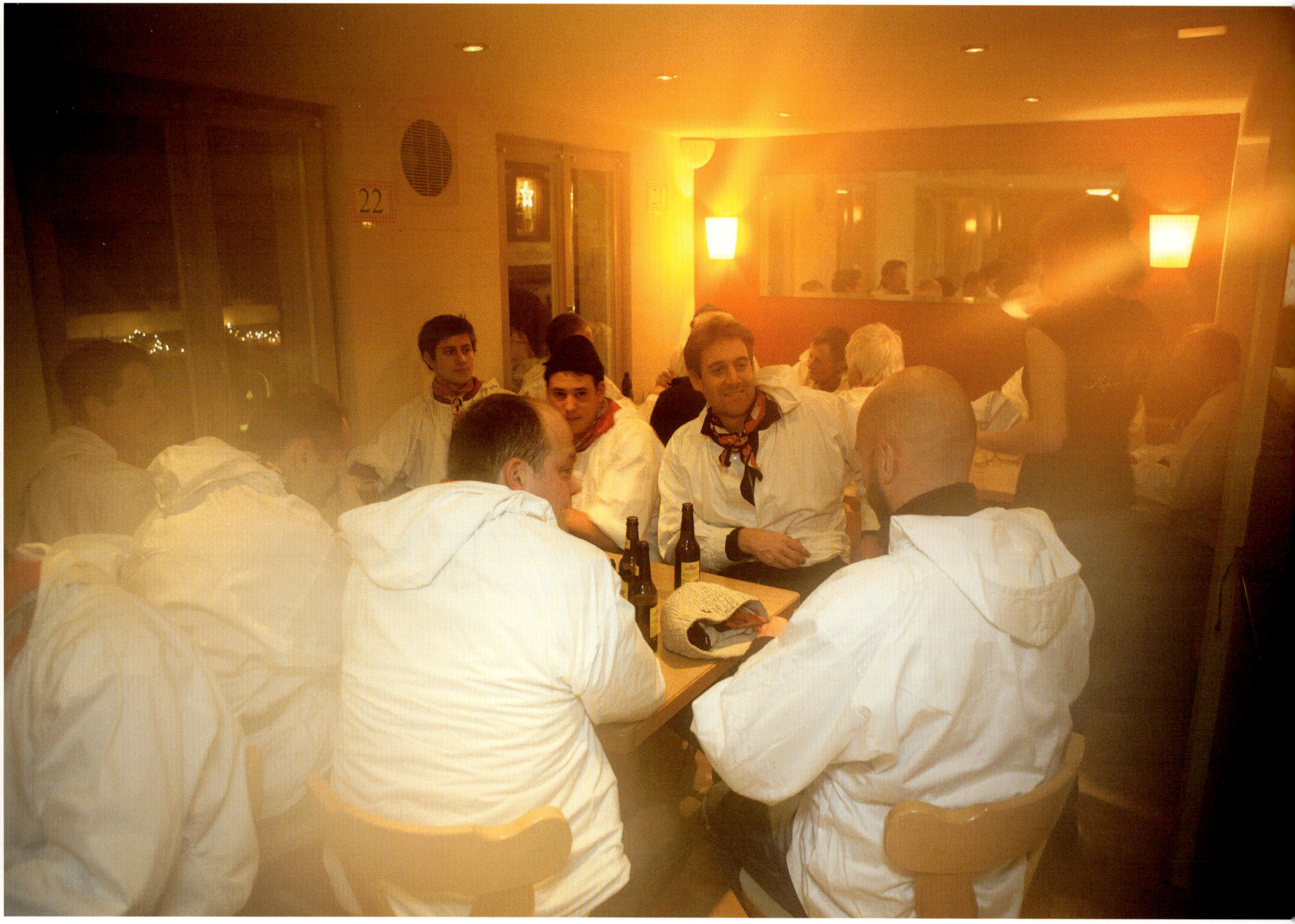

95

96

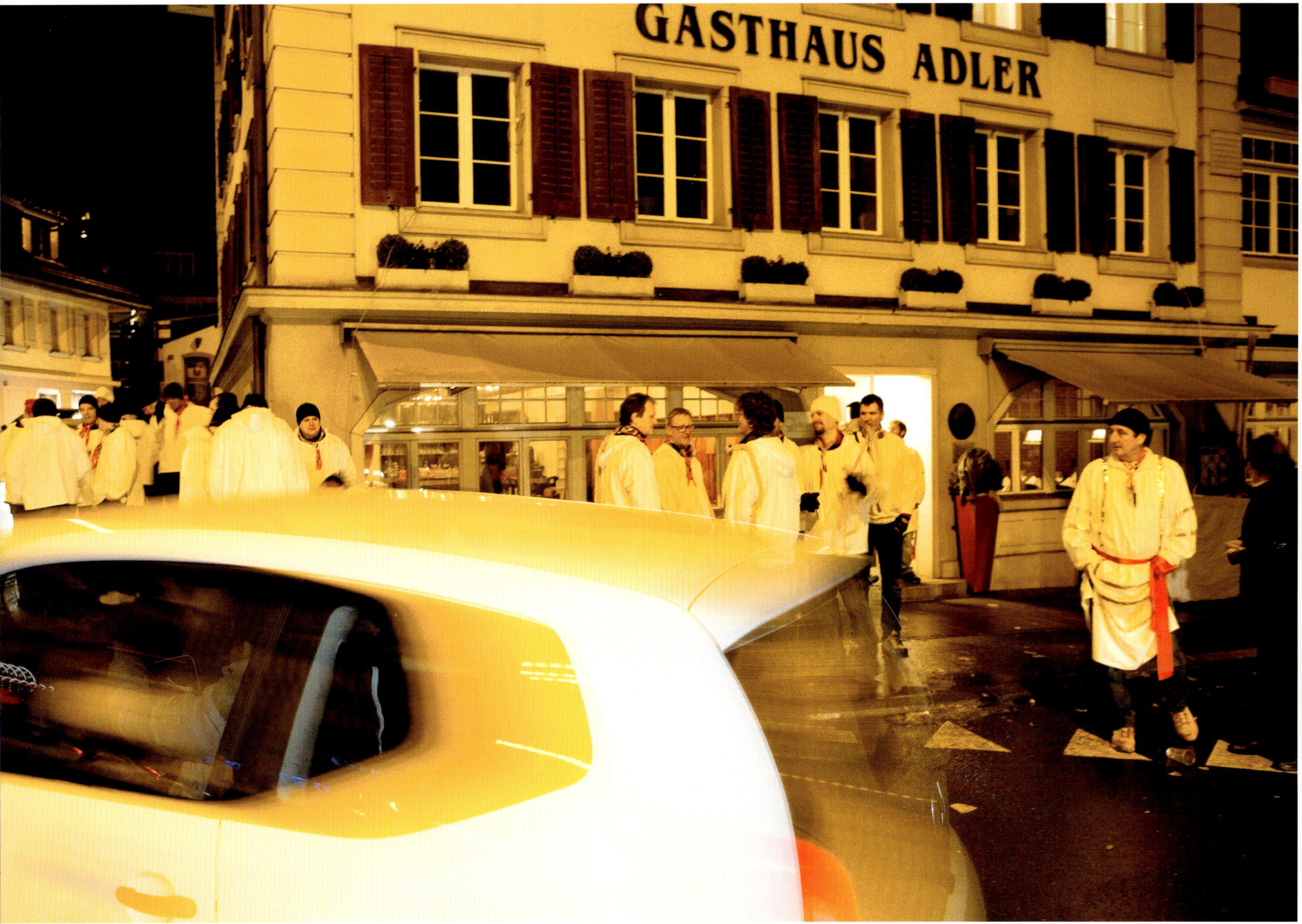
GASTHAUS ADLER

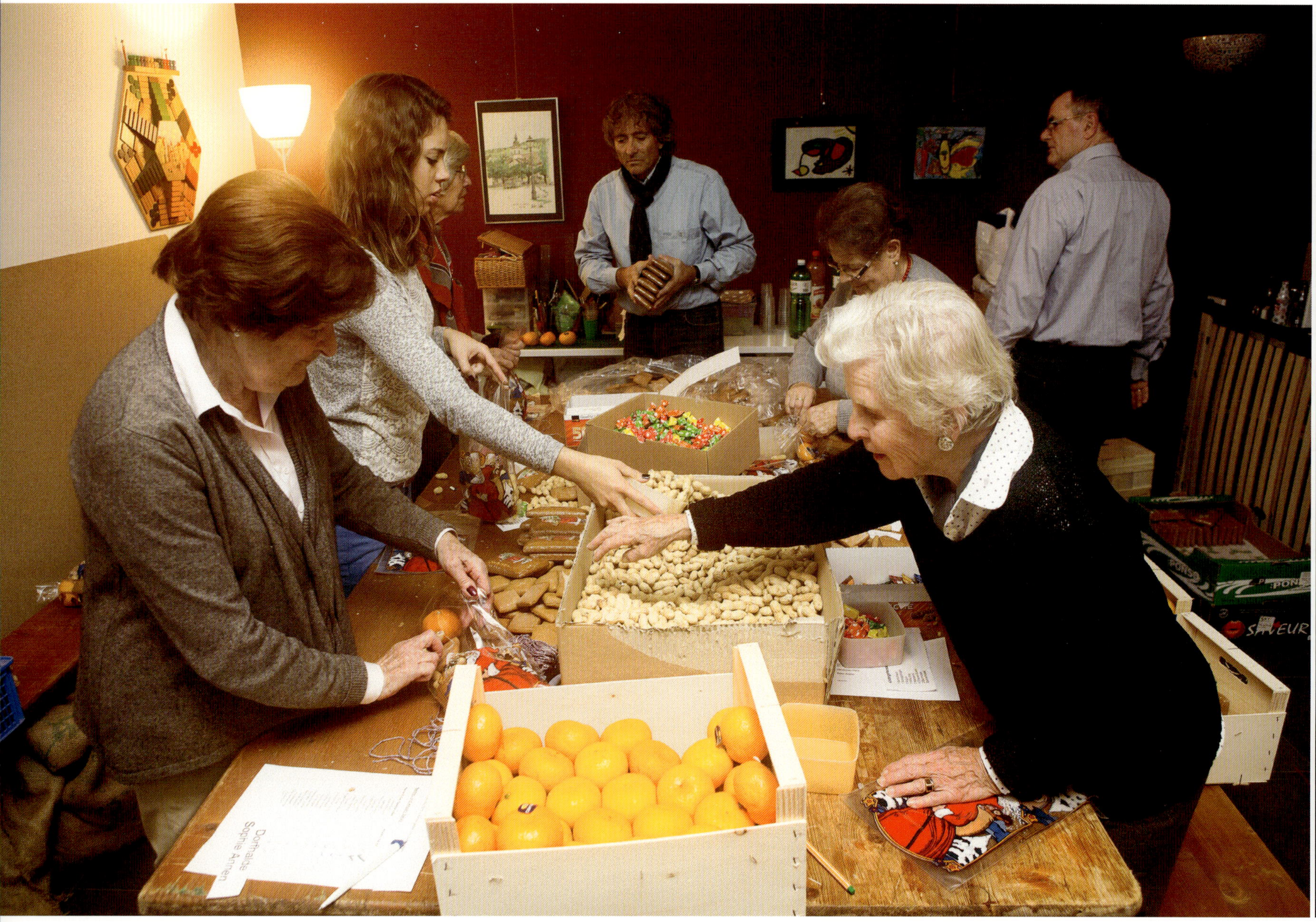

Ein ganz spezieller Verein

Die neu gegründete St. Niklausengesellschaft bemühte sich, den Ruf des Klausjagens zu verbessern. Von Anfang an war sie deshalb auch sozial tätig: Die Gründungsversammlung schrieb 1933 den Grundsatz in die Statuten, arme und kinderreiche Familien zu beschenken. Und man beschloss auch gleich, dem Frauenverein 150 Franken für arme Kinder zu übergeben. Wegen ihrer karitativen Tätigkeit erhielt die St. Niklausengesellschaft vor kurzem einen hoch dotierten Preis der Albert-Koechlin-Stiftung – und Hans Erni hätte ohne diese soziale Seite wohl kaum ein Halstuch für die St. Niklausengesellschaft geschaffen.

Tue Gutes – und sprich darüber! Von diesem Motto liess sich die St. Niklausengesellschaft in ihren ersten Jahren leiten. Man hatte den Umzug neu geordnet, den Samichlaus integriert, schöne, neue Iffele herstellen lassen – nun wollte man dies auch möglichst vielen Leuten zeigen. Schon 1933 beschloss die Generalversammlung, sich im kommenden September am Eidgenössischen Trachtenfest in Montreux zu beteiligen.

Neben der Trachtengruppe zog schliesslich eine 32 Mann starke Abordnung von Klausjägern an den Genfersee. Sie hätten ihre Sache sehr gut gemacht und einen starken Eindruck hinterlassen, heisst es in einem Festbericht. Das Geisselklepfen sei sogar im Radio zu hören gewesen. Einzig der Bericht der «Tribune de Lausanne» trübte die Stimmung ein wenig. Darin hiess es nämlich, der lärmige Zug erinnere stark an die Wilden in Afrika.

1950 beschloss die Generalversammlung, sich künftig nicht mehr an solchen Festen zu beteiligen. Ein Jahr später kam man auf den Entscheid zurück und trat doch wieder am Eidgenössischen Trachtenfest in Luzern auf. Weitere solche Auswärtseinsätze folgten – und immer auch Fernsehauftritte, für die man ab und zu auch einen speziellen Klausumzug inszenierte.

Die treibende Kraft hinter der Gründung der St. Niklausengesellschaft war Alois Seeholzer, genannt «Sännewysi». Seeholzer war zunächst Älpler auf dem Seeboden, später betrieb er im Unterdorf eine Molkerei. Daneben war er Bezirksweibel und Sigrist. Als er 1957 im Alter von 78 Jahren starb, stand in seinem Nachruf: «Man konnte sich eigentlich kein volkstümliches Fest vorstellen ohne den Sännewysi. Da war er im Element und riss die Jungen mit und löste bei allen Zuschauern Freude aus.»

Sännewysi war nicht nur der erste Präsident der St. Niklausengesellschaft. Er stand auch der Sennen- und Älplergesellschaft sowie der Trachtengruppe vor. Da war es naheliegend, dass sich die Klausjäger auch an den Trachtenfesten beteiligten. Die Eidgenössische Trachtenvereinigung war übrigens 1926, kurz vor der St. Niklausengesellschaft, gegründet worden. Es lag halt in der Luft: In der Zeit der Krisen zwischen den beiden Weltkriegen besann man sich auf eigene Werte und Traditionen. An der «Landi 39» in Zürich zeigte sich diese Art der «geistigen Landesverteidigung» wohl am deutlichsten. Auch im Rahmen dieser bedeutenden Ausstellung in Zürich wurde das Küssnachter Klausjagen präsentiert.

Das Klausjagen wurde von vielen Persönlichkeiten geprägt, die sich oft lange in den Dienst der Gesellschaft stellten. Sännewysi war Präsident von 1933 bis 1955, Otto Räber von 1955 bis 1982, Toni Gössi von 1982 bis 2005, seither leitet René Räber die Geschicke der St. Niklausengesellschaft. Unvergessen sind die legendären Samichläuse Bäny Müller und Alois Stutzer sowie der langjährige Klausenschreiber Alois Ulrich, «Gumel» genannt, der nicht nur Generalversammlungen und Vorstandssitzungen, sondern auch die Klausumzüge protokollierte. 1956 vermerkte er noch leicht enttäuscht, dass die Feldmusik «leider nur mit 20 Mann» gekommen sei. Daneben zählte er 86 Iffele, 100 Trichler und Hornbläser sowie einige Geisselklepfer. In den sechziger Jahren stiegen diese Zahlen gewaltig an: 1970 kamen 450 Klausjäger zum Umzug, 1985 bereits 1041, und heute sind es alljährlich über 1500. Mehr als 1600 Männer sind Mitglied der St. Niklausengesellschaft.

Wie in den Anfängen ist das Soziale immer noch zentral: Etwa hundert Päckchen werden alljährlich an Kranke, Bedürftige und Behinderte verschickt, üppig gefüllt mit Lebkuchen, Nüssen, gedörrten Birnen und weiteren Leckereien. Für Frauen gibt es zusätzlich Eierlikör, für Männer Schnaps. Töni Gössi ist überzeugt, dass Hans Erni nur wegen dieser sozialen Tätigkeit das dritte Halstuch fürs Klausjagen entworfen hat. Lange hatte sich der Künstler gesträubt, weil er auch für die Luzerner Guggenmusiken nie etwas zeichne. Als ihn Gössi dann aber am Klaustag zu sich nach Hause einlud, ihm das Klausjagen und die Gesellschaft erklärte, habe sich Erni sofort ans Skizzieren gemacht. Beim ersten Entwurf prangte allerdings noch ein riesiges Herz in der Mitte des Tuches. Das habe er ihm noch ausreden können, sagt Gössi. Stattdessen aber einen Samichlaus zu verlangen, wagte er dann doch nicht. Das erste Klausentuch stammte übrigens vom Küssnachter Kunstmaler Werner Müller, das zweite vom Küssnachter Grafiker Urs Holzgang.

Aus der Geschichte der Gesellschaft

Drei ganz Grosse des Küssnachter Klausjagens: Gründerpräsident Alois Seeholzer, genannt Sännewysi, der Iffele-Künstler Franz Sidler und das langjährige Vorstandsmitglied Josef Donauer.

Das Gründungsprotokoll von 1933, in dem auf die Vorgeschichte des Klausjagens zurückgeblendet wird.

Klausjäger im Jahr 1932 mit schon recht fein gearbeiteten Iffele.

Der legendäre Klaus Bäny Müller und der langjährige Präsident Otto Räber im Gespräch.

103

Das Fazzonetli

1978
Das erste Klausentuch stammte vom Küssnachter Kunstmaler Werner Müller.

1987
Das zweite Fazzonetli kreierte der damals junge Küssnachter Grafiker Urs Holzgang.

2003
Der Klausenpräsident Toni Gössi landete einen Coup, als er Hans Erni zur Gestaltung des dritten Klausentuchs bewegen konnte.

105

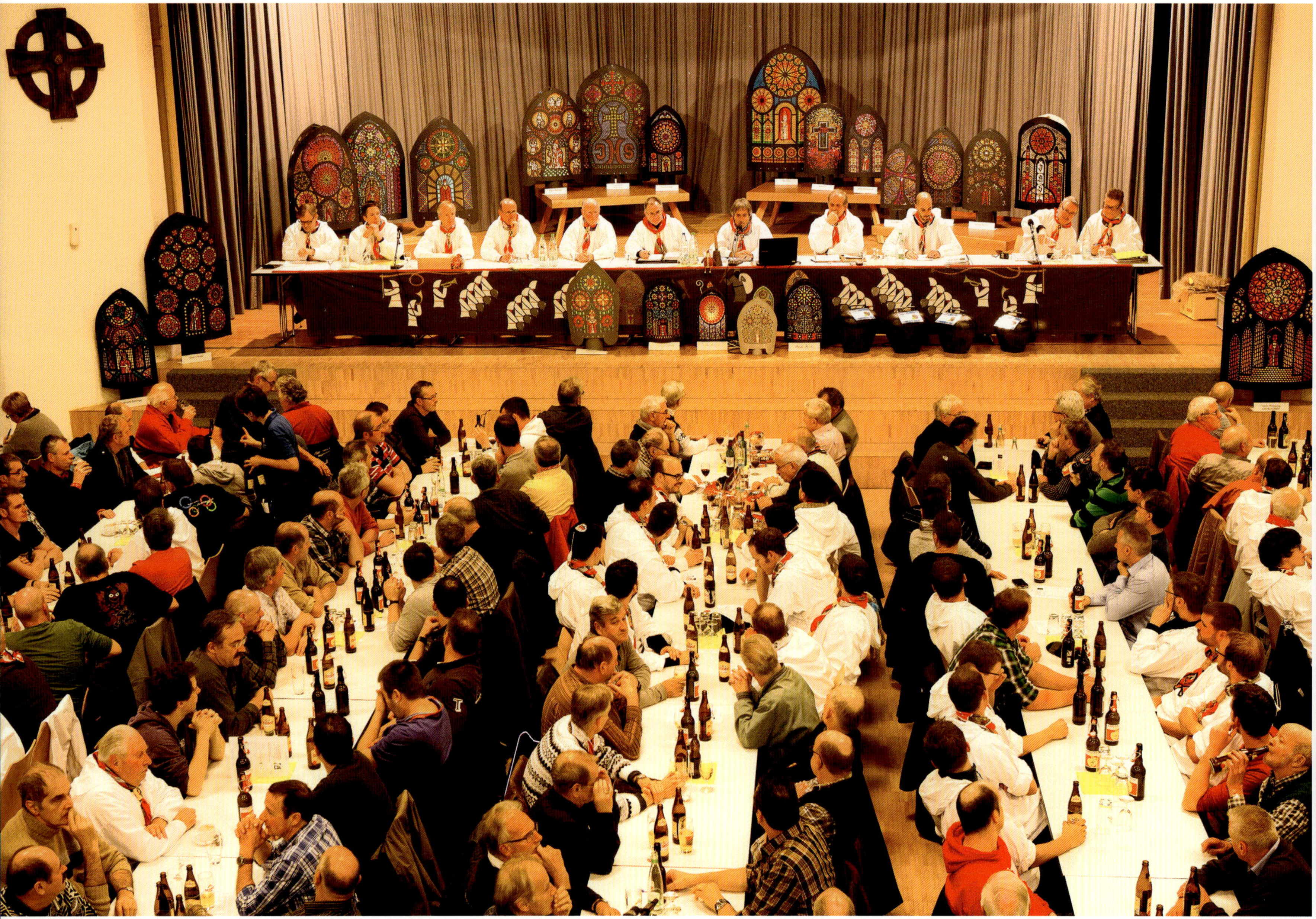

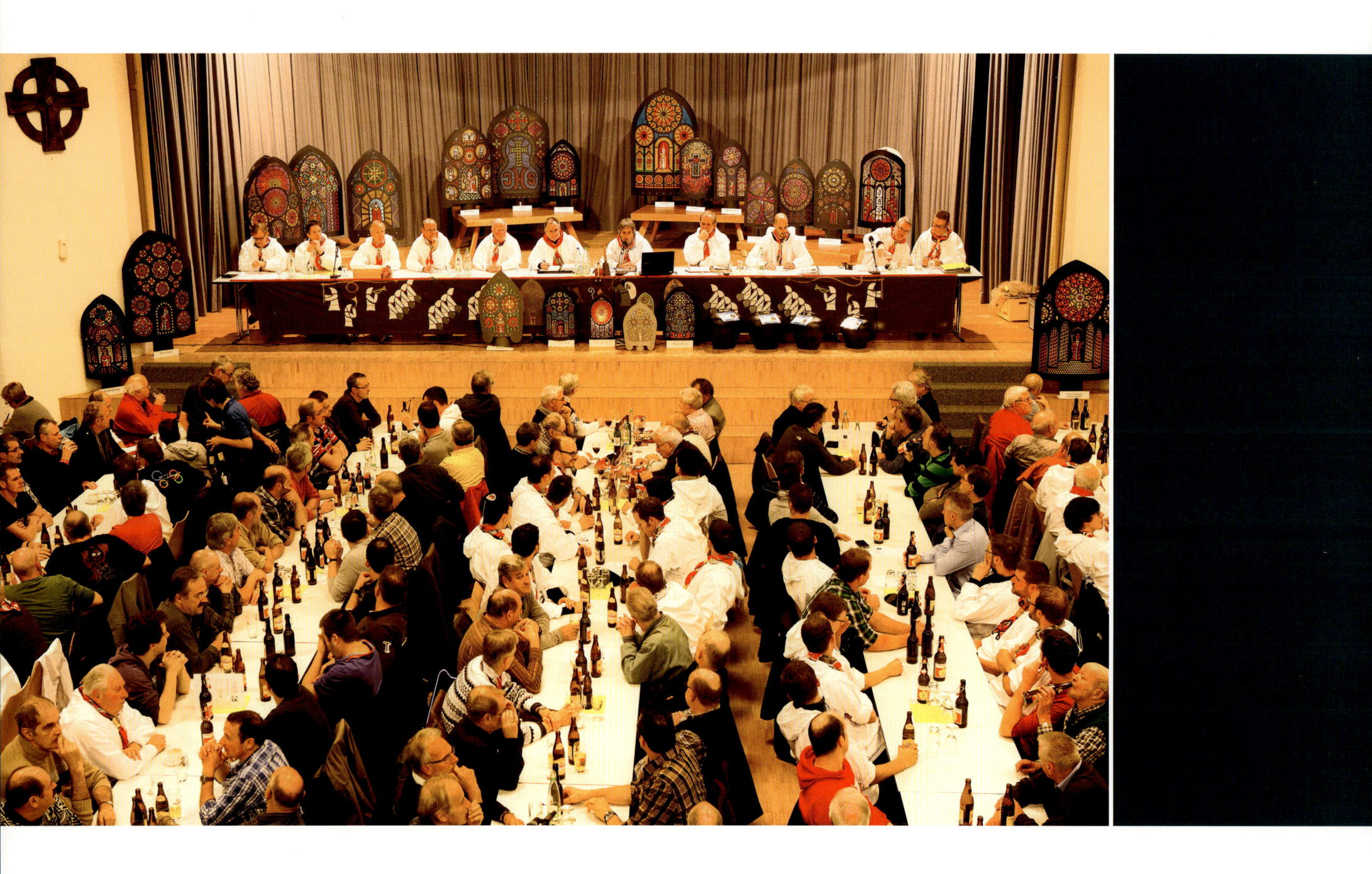

Der Vorstand

Das Küssnachter Klausjagen ist seit der Gründung der Gesellschaft geprägt worden von Persönlichkeiten, die sich über lange Zeit für das faszinierende Brauchtum engagierten. Nach bald neunzig Jahren ist erst der vierte Präsident im Amt. «Ohrenmärkler» dominieren, die traditionellen Küssnachter Geschlechter Sidler, Gössi, Räber, Ulrich – was auch dafür spricht, dass die Traditionen noch immer hochgehalten werden.

Vorstandsmitglieder seit 1933

Alois Seeholzer †	1933–1955	Albin von Moos †	1965–1995	Andreas Baumgartner	2003–
Ferdinand Steffen †	1933–1935	Walter Durrer	1965–1991	Franz Hess	2005–
Fridolin Sidler †	1933–1971	Hans Feusi †	1965–1969	Markus Sidler	2005–
Hans Holzgang †	1933–1937	Hans Moser	1969–1981	Cornel Meyer	2009–
Albert Trutmann †	1933–1948	Toni Gössi	1971–2005	Peter Büeler	2010–
Leopold Mantz †	1935–1948	Ernst Sidler sen. †	1975–1981	Thomas Rüegg	2011–
Bäny Müller †	1935–1983	Alois Stutzer †	1981–1999		
Gottlieb Wyrsch †	1935–1965	Ernst Sidler jun.	1981–2010		
Alois Trutmann †	1936–1965	Emil Hurschler	1983–2001		
Werner Kauf-Peyer †	1937–1941	Fritz Sidler †	1983–1985		
Adalbert Eggenschwiler †	1941–1965	Urs Donauer †	1985–2009		
Josef Ehrler †	1948–1975	Albert Sidler	1985–2005		
Josef Donauer †	1948–1962	Urs Hecker	1991–2011		
Alois Ulrich †	1951–1993	Hansueli Hodel	1992–		
Otto Räber †	1951–1982	Bruno Dober	1993–		
Fidel Sidler †	1951–1985	Hanstoni Gamma	1995–		
Paul Dober †	1953–1991	Walter Stutzer	1999–		
Albert Ulrich †	1953–1957	Beat Ehrler	1999–2002		
Armin Trutmann	1965–1999	René Räber	2001–		

Präsidenten

Alois Seeholzer †	1933–1955
Otto Räber †	1955–1982
Toni Gössi	1982–2005
René Räber	2005–

St. Nikolaus

Alois Seeholzer †	1933–1949
Bäny Müller †	1950–1973
Alois Stutzer †	1974–1998
Ernst Sidler	1998–2010
Peter Büeler	2011–

Klausenschreiber

Fridolin Sidler †	1933–1935
Leopold Mantz †	1935–1947
Bäny Müller †	1947–1952
Alois Ulrich †	1952–1993
Emil Hurschler	1993–2001
Walter Stutzer	2001–

Ehrenmitglieder

Alois Seeholzer †	1947	Alois Ulrich †	1993
Franz Sidler †	1947	Alois Stutzer †	1994
Josef Müller †	1947	Albin von Moos †	1995
Fridolin Sidler †	1949	Armin Trutmann	1999
Adalbert Eggenschwiler †	1958	Toni Gössi	1999
Bäny Müller †	1958	Emil Hurschler	2001
Gottlieb Wyrsch †	1958	Franz Bircher, Pfarrer	2001
Alois Trutmann †	1958	Albert Sidler	2005
Josef Donauer †	1958	Toni Gössi, Ehrenpräsdent	2005
Fidel Sidler †	1958	Ruedi Jost	2006
Josef Trutmann †	1959	Urs Donauer †	2009
Emil Suter †	1961	Ernst Sidler	2010
Johann Gambaro †	1961		
Alois Tschümperlin †	1968		
Josef Ehrler †	1975		
Franz Wyrsch †	1975		
Otto Räber †	1982		
Alois Gössi	1985		
Edi Ehrler	1988		

Impressum

Herausgeber	St. Niklausengesellschaft Küssnacht am Rigi
Konzept	René Habermacher, Visuelle Gestaltung, Arth / Zürich
Fotografie und Bildrechte	Alexander Dietz, Merlischachen
Texte und Redaktion	Adi Kälin, Zürich
Grafische Gestaltung	René Habermacher, Visuelle Gestaltung, Arth / Zürich
Lithografie	dpi, Susanne Bobzin, Zürich
Druck	Druckerei Triner AG, Schwyz
Auflage	4000
Copyright 2014	St. Niklausengesellschaft Küssnacht am Rigi
ISBN-Nummer	978-3-908572-69-5

Sponsoren und Gönner

Folgende Firmen und Institutionen haben die Herausgabe dieses Buches mit namhaften Beiträgen unterstützt

C. Vanoli AG, Immensee

Ernst Göhner Stiftung, Zug

Kulturkommission Bezirk Küssnacht

Lotteriefonds Kanton Schwyz

Meyer Rigi-Garage, Küssnacht

Raiffeisenbank am Rigi, Küssnacht

Saredi AG, Küssnacht

Schwyzer Kantonalbank

Sparkasse Schwyz AG